Soziale Arbeit in der Wende - Band 8

Annette Reiners

Praktische Erlebnispädagogik

D1727516

**Annette Reiners**

# Praktische Erlebnispädagogik

Neue Sammlung
motivierender Interaktionsspiele

Illustrationen von
Wolfgang Schmieder

FACHHOCHSCHULSCHRIFTEN
Prof. Dr. Jürgen Sandmann

Die Deutsche Bibliothek - CIP-Einheitsaufnahme

**Reiners, Annette:**
Praktische Erlebnispädagogik : neue Sammlung motivierender Interaktions-
spiele / Annette Reiners. Illustrationen von Wolfgang Schmieder. - 3. Aufl. -
München : Fachhochsch.-Schr. Sandmann, 1993
(Soziale Arbeit in der Wende ; Bd. 8)
ISBN 3-929221-06-3
NE: Schmieder, Wolfgang [Ill.]; GT

**Copyright**        © 1993 by   Fachhochschulschriften
                                 Prof. Dr. Jürgen Sandmann
                                 Berberichweg 8 · 81245 München


                     3. Aufl. Juni 1993

**Textgestaltung**          Schreibbüro Brigitte Warmhold

**Druck und
buchbinderische Verarbeitung**    Kessler Verlagsdruckerei
                                  Michael-Schäffler-Str. 1, 86399 Bobingen

ISBN 3-929221-06-3

*Wenn ich mein Leben nochmal leben könnte, würde ich versuchen mehr Fehler zu machen. Ich würde mich entspannen. Ich würde bis zum Äußersten gehen. Ich würde alberner als bei diesem Trip sein. Ich weiß einige Dinge, die ich ernster nehmen würde. Ich würde verrückter sein. Ich würde weniger hygienisch sein. Ich würde mehr Chancen wahrnehmen. Ich würde mehr unternehmen. Ich würde mehr Berge besteigen, in mehr Flüssen schwimmen und mehr Sonnenuntergänge beobachten. Ich würde mehr Eis und weniger Spinat essen. Ich würde mehr aktuelle Probleme und weniger eingebildete haben.*

*Wie Du siehst, bin ich eine von den Menschen, die prophylaktisch und vernünftig und gesund leben. Stunde um Stunde, Tag für Tag. Oh, ich hatte meine Momente und wenn ich nochmal leben könnte, hätte ich viele mehr. Eigentlich würde ich gar nichts anderes wollen. Einfach nur Augenblicke, einen nach dem anderen, anstatt soviele Jahre im voraus zu leben und zu denken. Ich war eine von der Sorte Leute, die nirgendwohin ohne ein Thermometer, eine Flasche mit heißem Wasser, ein Gurgelwasser, einen Regenmantel und einem Fallschirm gehen. Wenn ich nochmal leben könnte, würde ich leichter reisen als bisher.*

*Wenn ich mein Leben noch einmal leben könnte, würde ich im Frühling früher anfangen, barfuß zu laufen und im Herbst später damit aufhören. Ich würde öfter die Schule schwänzen. Ich würde gute Noten nur aus Versehen schreiben. Ich würde öfter Karussell fahren. Ich würde mehr Gänseblümchen pflücken.*

*Wenn Du Dich andauernd nur schindest, vergißt Du sehr bald, daß es so wunderschöne Dinge gibt, wie zum Beispiel einen Bach, der Geschichten erzählt und einen Vogel, der singt.*

Nadine Stair (85 Jahre alt)

# Inhaltsverzeichnis

Vorwort

Teil I:  Erlebnis- und Interaktionspädagogik

Teil II. Interaktionsspiele: erlebt, beschrieben und bewertet

# Vorwort

Das vorliegende Buch gliedert sich in zwei Teile. Der erste Teil versucht auf theoretischer Ebene die Fragen: Was ist Erlebnispädagogik? und Was sind Interaktionsspiele? zu klären, um daraufhin die Vorteile einer Verknüpfung der beiden untersuchen zu können.

Im zweiten Teil ist eine Sammlung praktischer Beschreibungen erprobter Interaktionsspiele zu finden.

## Teil I:

Ich versuche das Schlagwort "Erlebnispädagogik" mit den Gedanken **Kurt Hahns**, der als Vater dieses Ansatzes gesehen wird, zu beleuchten. Daß er nicht der Erfinder einer neuen Pädagogik ist, macht Prinz Max von Baden deutlich, als man ihn nach den Besonderheiten der von Hahn ins Leben gerufenen Schule in Salem ansprach: "Hier ist alles gestohlen, und das ist gut so, von Hermann Lietz, der wie kein anderer wagte, Jungen zu Mitträgern der Verantwortung zu machen, von Goethe, von den englischen Public Schools, von den Boy Scouts, von der deutschen Jugendbewegung nach den Freiheitskriegen, von Plato. Sie werden nichts finden, wovon wir sagen können: das haben wir entdeckt."[1] Die Erlebnispädagogik nach Hahn ist daher als Teilbewegung der Reformpädagogik, die um die Jahrhundertwende einsetzte, zu sehen. Kurt Hahn gab mit ihr eine Antwort auf die Suche nach neuen Formen in der Erziehung vor allem im schulischen Bereich, wobei er bereits vorformulierte Ideen anderer Pädagogen in die Tat umsetzte. In seiner Erziehung sollte nicht mehr die bloße Wissensvermittlung per Lehrbuch im Vordergrund stehen, sondern die Gesamtpersönlichkeit des Schülers, wobei die Betonung auf der Selbstentwicklung der schöpferischen Kräfte des Kindes lag. Die Einzelheiten dieses Konzeptes sind im Kapitel 1.1. dargestellt; im Kapitel 1.2. beschreibe ich Entwicklungen, die gerade in der heutigen Zeit Erlebnispädagogik als alternative Erziehungsmethode interessant erscheinen lassen. Im darauffolgenden Kapitel werden aber auch die Probleme, die Transferschwierigkeiten dieser Pädagogik näher besprochen.

Die Klärung der Frage: "Was sind Interaktionsspiele?" bereitet nicht unerhebliche Probleme, gibt es dazu zwar unzählige praktische Beispiele in der Literatur, jedoch kaum theoretischen Abhandlungen. Deshalb gehe ich einen Schritt seitwärts: zur Interaktionspädagogik, die ich über die Funktionsbereiche des Sozialen Lernens nach Prior[2] zu erschließen suche. Beides ist in den Kapiteln 2.1. und 2.2. behandelt.

Im Kapitel 2.3. ist eine theoretische Grundcharakterisierung der Interaktionsspiele (die praktische Beschreibung hat im zweiten Teil des Buches ihren Platz) zu finden.

Im Anschluß (Kap. 2.4.) versuche ich eine Grobgliederung der Interaktionsspiele anhand der Funktionsbereiche des Sozialen Lernens über die Interaktionspädagogik. Der Schwerpunkt meiner Betrachtung liegt dabei in einer Kategorisierung der Interaktionsspiele bezüglich ihrer Komplexität. Ich gehe von drei verschiedenen aufeinander aufbauenden Ebenen im Sozialen Lernen (der intrapersonellen, der interpersonellen und der institutionellen) aus und übertrage sie auf Stufen der Interaktionspädagogik, wobei sich die Komplexität der Spielsituation von Stufe zu Stufe steigert. Bei der ersten Stufe steht die einzelne Person im Blickpunkt; daher versuchen die Spiele in dieser Stufe, das Selbstvertrauen, Selbstwertgefühl usw. der betreffenden Person zu steigern. Die zweite Stufe beschäftigt sich mit den zwischenmenschlichen Verhaltensmustern. Spiele dieser Stufe haben daher die Förderung der Kommunikationsfähigkeit und die Entwicklung von gegenseitigem Vertrauen zum Inhalt. In der dritten und letzten Stufe geht es um Lernprozesse, die eine Umsetzung der gewonnenen Handlungskompetenz in einer Welt außerhalb der Gruppe ermöglichen. Neben diesen stufenspezifischen Spielen erwähne ich aber auch die stufenunabhängigen ("Nachbesprechungsspiele"), weil sie meiner Einschätzung nach einen hohen Wert in der Erlebnispädagogik besitzen.

Nachdem die theoretische Beschreibung und Grundkategorisierung der Interaktionsspiele abgeschlossen ist, wende ich der Verknüpfung der Erlebnispädagogik mit der Interaktionspädagogik zu. Hierbei ergibt sich für mich eine Wechselwirkung: einerseits haben erlebnispädagogische Maßnahmen für die Interaktionspädagogik einigen Nutzen (Kapitel 3.1.); andererseits sind auch Interaktionsspiele in der Erlebnispädagogik sinnvoll, ja fast unverzichtbar (Kapitel 3.2.).

Das vierte Kapitel soll eine Zusammenfassung inklusive Kritik, ein Überblick über das Geschriebene sein. Dabei geht es um den Widerspruch, den eine Verknüpfung des "Politischen Lernens" nach Prior und der "Erlebnispädagogik" in sich birgt. Es drängte sich dabei die Frage auf, ob gerade in Bezug auf Jugendliche der Begriff "politische Teilhabe" zutreffend bzw. ob er nicht auf den übergeordneten Begriff "Kultur" erweiterungsbedürftig ist. Unter diesen Gesichtspunkten erfolgt letztendlich auch die Zusammenfassung, die die Elemente der Erlebnispädagogik und die Stufen der Interaktionspädagogik gegenüberstellt.

**Teil II:**

In dem zweiten Teil dieses Buches werden Interaktionsspiele der zweiten und dritten Stufe, sowie einige Nachbesprechungsübungen beschrieben. Sie haben weder den Anspruch neue Spiele zu sein, noch habe ich sie selbst erfunden. Einen Großteil der Übungen habe ich in erlebnispädagogischen Einrichtungen in Neuseeland kennengelernt, der Urheber war für mich daher nicht feststellbar.

Die Beschreibungen der einzelnen Spiele gliedern sich in Ziele, Teilnehmerzahl, Altersgruppen, Materialien, Beschreibung des Spielablaufs, Variationsmöglichkeiten und Erfahrungen bzw. Tips.

Werden bei dem Abschnitt "Ziel" mehrere Angaben gemacht, so stellt die Reihenfolge der aufgeführten Ziele auch die der Prioritäten dar. Bei den Teilnehmerzahlen und den Altersangaben berufe ich mich auf meine mit dem jeweiligen Spiel gemachten Erfahrungen, was aber nicht heißen soll, daß diese Daten nicht veränderbar wären. Auch bei dem verwendeten Material sind durchaus Änderungen möglich, sollten aber nur dann vorgenommen werden, wenn es die Sicherheit der Teilnehmer nicht gefährdet.

Im ersten Kapitel des zweiten Teils sind Interaktionsspiele der zweiten Stufe beschrieben. Es werden zuerst Spiele genannt, die als "warming up" dienen können (Rauslassen, Eingehängt, Eine Orange geht auf Reisen). Der Begriff "warming up" beschreibt die Möglichkeit, diese Spiele auch als Kennenlernspiele zu verwenden. Danach folgen

Spielbeschreibungen für Kommunikationsspiele (Tic Toc, Kommunikationschaos, Drunter und Drüber) und schließlich für Vertrauensspiele (Reise über Köpfe, Blind, Divergierendes Stahlseil, etc.)

Im zweiten Kapitel (Teil II) sind Beschreibungen von Interaktionsspielen der dritten Stufe (Problemlösungsspiele) zu finden. Ihre obersten Ziele sind das Erlernen von Problemlösungsstrategien und die Zusammenarbeit.

Das Kapitel Teil II.3 enthält Beispiele für spielerische Nachbesprechungsübungen. Die ersten fünf Übungen (Metaplan, Wappen, Werbung, Teamarbeit, Effektive Arbeit) habe ich an den Anfang gestellt, da sie auch als Vorbereitungsübungen für Aktivitäten verwendet werden können. Die übrigen Spiele beinhalten das kritische Betrachten sowohl der eigenen Person als auch der Gruppe in bestimmten Situationen, das Aufarbeiten von bestimmten Ereignissen und das Ausdrücken von Gefühlen.

Besonders danken möchte ich zum Schluß an dieser Stelle meinem Freund Wolfgang Schmieder, der in mühevoller Arbeit den Großteil der spielbeschreibenden Zeichnungen für diese Arbeit angefertigt hat.

# Teil I

## Erlebnis- und Interaktionspädagogik

# 1. Was ist Erlebnispädagogik?

## 1.1. Das Hahnsche Konzept

"Gebt den Kindern Gelegenheit, sich selbst zu entdecken... Laßt sie Triumph und Niederlage erleben... Weist ihnen verantwortlich Aufgaben zu, bei denen zu versagen, den kleinen Staat gefährden heißt... Übt die Phantasie."[3]

Dies forderten die "Salemer Gesetze". Salem, eine Schule, die von **Kurt Hahn**, der als der Initiator und Vater der Erlebnispädagogik angesehen wird[4], gegründet wurde. In dieser Schule sollten die Jugendlichen, die, wie Hahn es nannte, an modernen Verfallserscheinungen litten, zurück zu den gesunden Tugenden geführt werden. Hahn kritisierte:

- *den Verfall körperlicher Tauglichkeit,* verursacht durch die modernen Fortbewegungsmöglichkeiten;
- *die fehlende Selbstinitiative,* bedingt durch die modernen Kommunikationsmittel, durch die der Mensch, anstatt seine körperlichen Fähigkeiten einzusetzen, in die Zuschauermentalität verfällt;
- *die verringerte Geschicklichkeit und Sorgfalt,* durch die immer schwächer werdende Tradition des Handwerkertums und damit die schwindende Bereitschaft des mühevollen, exakten Arbeitens;
- und vor allem *die mangelnde Fähigkeit, Empathie für andere zu entwickeln,* verursacht durch eine ständige Hast und Eile, die mit dem modernen Leben verbunden ist.[5]

So fragte er sich: "Was geschieht mit den Reichtümern der Kindheit im Jugendalter - dem Ansporn zum Wachsen; der Sehnsucht nach Abenteuern; der Freude am Erforschen unbekannter Dinge; der Liebe zur Musik, zum Malen oder Schreiben; der lebhaften und kreativen Phantasie?"[6] Diese Eigenschaften nannte er die "unverdorbenen Leidenschaften" und seine Erziehung war darauf ausgelegt, diese positiven Eigenschaften des Kindes zu erhalten.[7]

Erlebnispädagogik war eine der Basisgrundlagen des Hahnschen Erziehungskonzeptes. Er befand die Jugend als gesellschaftlich krank[8], da sie im Netzwerk der modernen Gesellschaft nicht durch natürliche Herausforderungen angeregt wird, grundlegende menschliche Fähigkeiten weiterzuentwickeln. Hahns Antwort darauf war, den Jugendlichen besondere Erlebnisse zu ermöglichen, durch die sie ihrer verborgenen Kräfte gewahr werden[9] und so ihren Horizont erweitern[10]. Er setzte also an den Stärken und Fähigkeiten der Kinder und Jugendlichen an.[11]

Wichtig war für Hahn die Ansicht von W. James, daß nicht die Dauer eines Erlebnisses für einen Lernerfolg entscheidend ist, sondern der Intensitätsgrad und ebenso das Maß des persönlichen Engagements. Ein Erlebnis und der daraus resultierende Erfolg oder Mißerfolg haben nur lerntheoretischen Einfluß auf den Jugendlichen, wenn sie prägend genug sind. Nur dann bleibt die Erfahrung in der Erinnerung und kann dem Jugendlichen in entscheidenden Augenblicken seines späteren Lebens helfen.[12] Daher sollten die Erlebnisse dem Jugendlichen nicht zufällig widerfahren, sondern Teil eines pädagogischen Gesamtplans sein.[13]

Auch stimmte Hahn mit W. James überein, daß Platos Idee der Nachahmung und Übung ein entscheidender Faktor für das Lernen sei. Es ging ihm dabei um die Erzeugung von zwei wesentlichen Gewohnheiten:
1. das Umsetzen von Gefühlen in echte Tathandlungen
2. die Gewohnheit der Selbstüberwindung
"Denn diese positiven, oft aber latenten Eigenschaften und Empfindungen sollten schließlich in, moderner gesprochen, verfügbare Verhaltensweisen überführt werden können."[14] Hahn war der Meinung, daß der, der handelt und handelnd lernt, sich eher an Situationen erinnern kann, als der Passive.

Grundsätzlich war es Hahns Absicht, das wirklichkeitsverzerrte, theoretische Wissen, das in der Schule gelehrt wurde, mit den persönlichen Neigungen des Einzelnen und dem praktischem Nutzen zu verbinden. Er war der Ansicht, daß dieses erworbene

Wissen durch die Verbindung mit einer praktischen Anwendung das Leben und das Verantwortungsgefühl des Schülers beeinflussen würde.

"Das Erziehungsideal war der tatkräftige, humanitär gesinnte Mensch, dessen Bewährungsraum Gemeinschaft und Staat sind. Im 'Salemer Reifezeugnis' standen daher die Tugenden der Gerechtigkeit, des Gemeinsinns, der Zivilcourage an oberster Stelle."[15] Hahn sah also nicht den Unterricht und die Belehrung als höchstes Erziehungsideal an, sondern eine Charakterprägung im Sinne einer Erziehung zur Verantwortung. Diese kann seiner Meinung nach aber nicht durch theoretische Belehrungen geleistet werden, "sondern nur auf dem Wege über die Erfahrung und Bewährung elementarer Verantwortung im Horizont der jeweiligen Möglichkeiten des jungen Menschen"[16]. Seine Idealvorstellung von Erziehung war ein Lernen, das durch konkretes Handeln und praktischen Lebensbezug gekennzeichnet war.[17]

Hahn hatte also zwei Erziehungsziele im Blickfeld: **Die Charakterförderung des Menschen und die Erziehung des Menschen "zum verantwortungsvollen Denken und Handeln in einer auf freiheitlich - demokratischer Grundlage aufbauenden Gemeinschaft"[18] durch eine Auseinandersetzung mit sich selbst und der Umwelt.**

So führte er in seinen Schulen neben dem Unterricht vier Aktivitäten ein, deren eigentliche Wirksamkeit nur in ihrer gegenseitigen Verzahnung entsteht. Alle stehen unter dem gemeinsamen Motiv des Erlebens:

- *den Dienst am Nächsten:* Das vielleicht herausragendste Merkmal seiner Schulen waren die Rettungsdienste, in denen die Schüler geschult und auch praktisch eingesetzt wurden: die Feuerwehr, die Bergrettung und die Wasserwacht. Hahn war der Überzeugung, daß die Leidenschaft des Rettens eine stärkere Dynamik entbindet als der Krieg. Der Dienst am Nächsten sollte daher ein Äquivalent zu gewalttätigen Handlungen darstellen, in das die Energie geleitet werden kann. "... hier (d. V.) können die Jugendlichen in herausfordernden, zuweilen ... ernsthaften Situationen Intelligenz und Phantasie unter Beweis stellen, den Sinn engagierten Einsatzes und die Grenzen ihrer eigenen individuellen Leistungsfähigkeit kennenlernen ..."[19] Hahn nahm an, daß sich die Jugend in der Sorge für andere sich selbst findet. "Der Rettungsdienst ...gilt als das 'wirksamste Erziehungsmittel', weil der Jugendliche durch den Einsatz seiner eigenen Existenz für das Wohl des Nächsten ein ganz neues Lebensverhältnis entwickelt."[20] Mit zunehmender Professionalisierung der Rettungsdienste (Übernahme durch Träger), bezeichnet dieses Element heute vielmehr soziale (zum Beispiel die Arbeit in einem Altenheim oder Kindergarten) und zeitweise ökologische Hilfen (wie zum Beispiel Waldsäuberungsaktionen). Ich werde den Begriff "Rettungsdienst" aber weiterhin beibehalten.

- ein anderes erlebnispädagogisches Grundelement war *das körperliche Training*, das Vitalität, Kondition, Mut und Überwindungskraft steigern sollte.[21] Hier konnten die Schüler zweierlei Arten von Erfahrungen machen: zum einen durch Selbstüberwindung und zum anderen durch Selbstentdeckung.[22]

- *das Projekt* als weiteres Element stellte eine Aufgabe im handwerklichen, technischen oder geistigen Bereich dar, die Sorgsamkeit und Geduld erforderte und eine Entfaltung der Selbstständigkeit, Kreativität und Musikalität fördern sollte.[23] Als Beispiele wären die Anlage und Pflege eines Biotops, Laienspiele oder das Anfertigen eines Videofilms zu nennen.

- das letzte Grundelement ist *die Organisation von Expeditionen*, die die schwindende Initiative bekämpfen und die Entschluß- und Überwindungskraft fördern sollte.[24] Die Expeditionen werden auf Segelkuttern, in Kajaks oder Schlauchbooten, auf Skiern oder zu Fuß durch die Berge unternommen.


Vor allem in den Elementen Expedition und Rettungsdienst, den spektakulären Teilen der Erlebnispädagogik, kommt neben der Natursportart als Medium auch der Gruppe als Lernfeld große Bedeutung zu, selbst wenn dies in der Literatur über den Hahnschen Ansatz kaum explizit Erwähnung findet. Gerade Expeditionen, wie zum Beispiel das Erklettern einer Bergwand oder das Segeln eines Kutters, sind so angelegt, daß sie die ganze Gruppe fordern, da man sie nicht alleine oder nur unter größtem Sicherheitsrisiko und erheblichen Organisationsproblemen alleine bewältigen kann. Die erfolgreiche Durchführung von Rettungsdiensten, aber auch von Projekten,

4

verlangt die Zusammenarbeit der Gruppe und die Berücksichtigung bzw. das sinnvolle Einsetzen der verschiedenartigen Kompetenzen und Begabungen, da einer eher im handwerklichen Bereich geschickt sein mag, der andere hingegen organisatorische Fähigkeiten aufweist.

So werden in der Hahnschen Erlebnispädagogik einerseits individuelle Persönlichkeitsmerkmale aufgebaut. Darunter fallen: Entwicklung von Eigeninitiative, Spontanität, Kreativität; Entdeckung von verborgenen Fähigkeiten und Stärken; Aufbau von Selbstvertrauen und Selbstwertgefühl und Übernahme von Selbstverantwortung für getroffene Entscheidungen. Andererseits wird durch die Existenz der Gruppe auch das Soziale Lernen gefördert. Die Jugendlichen können sich selbst entdecken und andere neu kennenlernen, sie erhalten die Gelegenheit, Mitmenschen zu helfen und sich helfen zu lassen, Verantwortung zu übernehmen und zu übertragen.[25]

Durch die Gemeinschaft in der Gruppe können also auch soziale Lernziele, wie zum Beispiel Verantwortungsgefühl, Rücksichtnahme auf andere, Steigerung der Kommunikationsfähigkeit und - bereitschaft, Entwicklung einer besseren Konfliktbewältigung und Kooperationsbereitschaft *lebensnah* gefördert werden. "Die Gruppe ... repräsentiert nämlich (Anm. d. Verf.) eigentlich einen Lebenskreis, ist Abbild für das einzelne Gruppenmitglied in Beziehung zu Menschen. Die Gruppe kann daher dem Einzelnen zeigen, wie er sich unter Menschen bewegt und ermöglicht ihm, seine Stärken und Schwächen bewußt werden zu lassen. Diese Erkenntnisse erlauben es dem Einzelnen dann, sich unter Menschen zu bewegen, sich selbst erfahren zu können."[26] Auch erlebnispädagogische Einrichtungen berücksichtigen den Lerneffekt (eventuell auch den ökonomischen Vorteil?) einer Gruppe: So kommen die Teilnehmer bei Outward Bound (eine Einrichtung, die erlebnispädagogische Kurse anbietet) zum Beispiel als Auszubildende aus der Wirtschaft, als Schüler auf Klassenfahrt oder als Klienten der Jugendhilfe. Sie werden in Kleingruppen aufgeteilt, so daß eine bunte Mischung in Bezug auf Alter, Geschlecht, regionale und soziale Herkunft, Ausbildungsstand entsteht.[27] Auf diese Weise kann Outward Bound zur bewußten Identitätsbildung der Teilnehmer unter anderem durch die Erfahrung eines neuen

Rollenverhaltens in einer sich neu entwickelnden Gruppe beitragen.[28] Unterstützt durch seine Gruppe erlebt der Teilnehmer, "... daß er über ein größeres Ausmaß an Fähigkeiten verfügt und in der Zukunft verfügen kann, als er es sich ursprünglich zugestanden hat. Im Mittelpunkt stehen also die eigene Person und deren soziale Handlungsmöglichkeiten innerhalb der Gruppe. Jeder einzelne lernt für sich und in der Gruppe, objektive Grenzen zu erkennen und zu respektieren, aber auch subjektive Grenzen zu erkennen und auszuweiten."[29]

## 1.2. Aktualität der Erlebnispädagogik

Erlebnispädagogische Maßnahmen sind, wie oben beschrieben, dadurch gekennzeichnet, daß der Einzelne in der Gruppe intensive Erlebnisse erfährt, die den Kern seiner Persönlichkeit treffen und mit denen er sich handelnd auseinandersetzt. Dieser Ansatz hat in der heutigen Zeit wieder an Aktualität gewonnen.

So führt Fridolin Kreckl in seinem Artikel "Miteinander etwas tun - sozialpsychologische Hinweise zur Erlebnispädagogik" zwei Erscheinungsformen der industriellen Gesellschaft auf, die das Sozialverhalten bestimmen:
- den "immer noch zunehmenden Verfall gewachsener Systeme, wie lebenslange Nachbarschaften..." Er führt die soziale Mobilität als Grund hierfür an.
Daher stuft Kreckl Angebote von Erlebnissen und daraus entstehende Freundschaften gerade für junge Menschen als notwendig ein.
- "... das zunehmende Bedürfnis nach Individualität, Selbstsein, Verwirklichung der eigenen Lebensziele. Die Fähigkeit zu Bindung und Solidarität schwächt sich im selben Maße ab...
... Angesichts dieser Entwicklung ist für Kreckl (Anm.d.Verf.) der Aufbau einer, die gewachsenen sozialen Systeme und Rassenschranken überschreitenden Solidarität auf humaner und freiheitlicher Basis noch zu keiner Zeit so sehr geschichtliches Gebot wie heute."[30]

6

Matthias Weinholz stößt in seinem Buch "Freiluftleben" in dasselbe Horn, indem er die Situation von Jugendlichen zum Ende der achtziger Jahre folgendermaßen beschreibt:

- bei der Betrachtung der Wohnsituation fällt eine "Separation im Großformat" auf. So gibt es immer mehr "Gegenden, die zu siebzig Prozent von Pensionären bewohnt sind, Neubauviertel, bei denen fast kein Einwohner älter als fünfundvierzig Jahre alt ist oder Wohnviertel, deren Einwohner zehn verschiedene Sprachen sprechen." Daher können auch die Kontakte nicht mehr wie früher funktionieren, als Kinder mit vielen Beziehungen und Bezugspersonen aufwuchsen und sich als Teil einer überschaubaren Gesellschaft fühlten.

- da die Arbeitsplätze der Eltern von deren Wohnort oft weit entfernt liegen und die Anfahrtzeit zusätzlich zur Arbeitszeit einen hohen Zeitaufwand darstellt, können die Eltern kaum Zeit mit ihren Kindern verbringen. Im Fall der Arbeitslosigkeit der Eltern ist die Familiensituation meist so gespannt, daß die Kinder nicht gerne mit ihren Eltern zuhausebleiben. So ist der einzige Erwachsenenkontakt, den die Kinder haben, der mit Lehrern oder Mitarbeitern von Jugendeinrichtungen. Die Jugendlichen durchlaufen daher nur wenige Berührungspunkte mit dem Erwachsensein, mit deren Hilfe sie die Verhaltensweisen eines "Großen" und die Bedeutung, was Erwachsensein eigentlich ist, erlernen könnten.

- da viele Kinder und Jugendliche mit ihren Eltern heutzutage in Ballungsgebieten wohnen, die hauptsächlich aus Hochhäusern bestehen, fehlt ihnen die Möglichkeit ihr räumliches Vorstellungsvermögen und das für den Menschen so wichtige Fantasie- und Lernvermögen zu entwickeln. Die Möglichkeit, im Wald zu spielen, Bäche mit kleinen Stauwerken zu versehen, Beeren zu pflücken oder Baumhäuser zu bauen, sind selten geworden. "Der starke kindliche Drang zum Entdecken, Experimentieren und zu Abenteuern kompensiert sich dann nicht selten in Aktionen, die jenseits der Legalität liegen."[31]

Oft wird dieses "nicht mehr erleben können" mit Hilfe einer Reizüberflutung durch die immer besser entwickelten Medien kompensiert. Erlebt wird nicht hautnah, sondern über Personen, die stellvertretend Abenteuer durchleben. Dieses "nur mitleben" und nicht "selber erleben" ermöglicht aber im Falle von Unbehagen die Möglichkeit der Distanzierung. Selbst gemachte, unmittelbare Erfahrungen dagegen machen betroffen, vor allem dann, wenn sie einen gewissen Grad von Ernstcharakter aufweisen können. Ernstcharakter so verstanden, daß die Anforderungen in erlebnispädagogischen Maßnahmen real sind, aufgrund der Situation Entscheidungshandeln verlangen und wenig Möglichkeit zur Distanzierung zulassen.[32]

Eine Untersuchung von Gukenbiehl/Seifert (1989) ergab, daß Rücksichtnahme, Hilfsbereitschaft und soziales Engagement in der Freizeit von Jugendlichen eine untergeordnete Rolle spielen. Nach Auffassung von Uta Petring spiegelt sich darin auch die Einstellung unserer Gesellschaft wider, die Leistung und Wachstum als oberstes Ziel hat. Sie ist der Ansicht, daß erlebnispädagogische Maßnahmen dieser Grundhaltung entgegensteuern, da bei ihnen zwischenmenschliche Werte wie Vertrautheit, intensive, gefühlsgebundene Zusammenarbeit und Kreativität als Notwendigkeit erlebt werden.[33]

Eine weitere Entwicklung, die die Erlebnispädagogik als interessante Erziehungsmethode erscheinen läßt, ist die zunehmende Umweltzerstörung. Ich denke, daß das Erleben der Natur aus nächster Nähe in den Teilnehmern das in unserer Zeit so notwendige Bewußtsein wecken kann, daß diese schützenswert ist; schützenswert nicht nur wegen ihrer Schönheit, sondern auch aufgrund der Abhängigkeit des Menschen von ihr. Diese Abhängigkeit wird von den Teilnehmern direkt erlebt, da sich die erlebnispädagogischen Maßnahmen hauptsächlich der Natur als Lernfeld bedienen. Ich meine, daß es ein erheblicher Unterschied ist, ob man von Horrormeldungen bezüglich der Umweltverschmutzung nur "oberflächlich geschockt" ist, oder ob man sie am eigenen Leibe verspürt hat. Da eine Distanzierung beim hautnahem Erleben wesentlich schwieriger ist (s. o.), schätze ich die persönliche Betroffenheit und somit auch den Ehrgeiz etwas dagegen zu tun, als erheblich größer ein. So kann die Erlebnispädagogik einen entscheidenden Beitrag in der Umwelterziehung leisten, den man vielleicht als Dienst an der Natur in Sinne des Hahnschen Elements "Dienst am Nächsten" werten könnte.

Es scheint, daß aus der Sicht von Fachleuten der Einsatz der Erlebnispädagogik mit ihren Variationen als alternative Methode bei der Erziehung von Jugendlichen akzeptiert ist. Dies läßt sich vor allem an dem deutlichen Anstieg von erlebnispädagogischen Einrichtungen, Projekten und Bewegungen in der Jugendarbeit erkennen. Die bekanntesten Einrichtungen, die sich der Erlebnispädagogik bedienen, um die Persönlichkeitsentwicklung von Jugendlichen zu fördern, sind wahrscheinlich die von Kurt Hahn ins Leben gerufenen Outward Bound Schulen (auch Kurzschulen genannt), die es mittlerweile in über 40 Ländern der Welt gibt. Doch auch zahlreiche andere Bewegungen und Projekte haben ihren Ansatz in der Erlebnispädagogik; Bewegungen wie zum Beispiel das "Freiluftleben"[34], die Abenteuerspielplatzbewegung[35], das Project-Adventure-Konzept in den Schulen[36] und Einrichtungen bzw. Projekte wie das Segelschiff "Thor Heyerdahl"[37] oder Verhaltensstudien wie die "Arche Alcali"[38].

Während diese erlebnispädagogischen Maßnahmen dem "Normaljugendlichen" angeboten werden, also den präventiven Ansatz der Erlebnispädagogik verwirklichen, gehen einige Bestrebungen in die Richtung spezielle Kurse, die therapeutischen Charakter haben und für sogenannte "Problemgruppen" angeboten werden. So laufen zum Beispiel bei Outward Bound auch Kurse für geistig Behinderte[39] und für "arbeitslose Jugendliche und solche aus sozialschwierigen Verhältnissen"[40]. Das Jugendschiff "Outlaw" geht mit dissozialen Jugendlichen auf Tour[41], Drogenabhängige/Süchtige durchqueren die Sahara, Jugendliche aus dem Strafvollzug werden bei der Rettungswacht eingesetzt, mit Heimkindern werden Höhlen erforscht, usw.[42]

## 1.3. Transferproblematik der Erlebnispädagogik

Trotz der vielfachen Anwendung erlebnispädagogischer Maßnahmen ist deren Wirksamkeit immer noch umstritten. Der Hauptstreitpunkt ergibt sich aus der Frage: Wie können die Teilnehmer die Erfahrungen, die in einem Umfeld (Extremsituationen in den Bergen, auf Flüssen und dem Meer) gemacht werden, das sich deutlich von ihrem Alltagsleben unterscheidet, in ihr "normales" Leben transferieren?[43]

Auch bleibt die Frage nach der Bedeutung eines Erlebnisses für den Einzelnen. Die Erfahrung, die durch ein Erlebnis von einer bestimmten Person gewonnen wird, ist für andere nicht greifbar. "Dem Erlebnis kommt eine rein individuelle Erfahrungsqualität zu."[44]

Ebenso ist es meistens schwierig den Transfer ins Alltagsleben nachzuweisen, da der Teilnehmer nach der Maßnahme die Obhut des Betreuers verläßt und diesem der eventuelle Lerneffekt verborgen bleibt.[45]

Zur Wirksamkeit erlebnispädagogischer Maßnahmen gibt es nur wenige empirische Studien.[46] Oft wird deren Objektivität jedoch angezweifelt, da zumeist Mitarbeiter der Institutionen oder Projekte die Studien verfaßt haben.

Martin Schwiersch hinterfragt als Risikosportler die Transfermöglichkeit der Erlebnisse in den Alltag. Er kommt zu dem Schluß, daß ein Umsetzung aller in der Maßnahme gelernten Fähigkeiten nur angenommen werden kann, wenn erlebnispädagogische Aktionen nicht allein aus Risikosituationen bestehen, sondern ihre Akzente auch in die Verantwortlichkeit in der Gruppe, Naturerfahrung, etc. setzen.[47]

Für Matthias Weinholz ist die Gruppe nach einer Maßnahme des Freiluftlebens für den Transfer der gemachten Erfahrungen des Einzelnen besonders wichtig. Nach seiner Auffassung sollte sich die Gruppe nach Beendigung der Maßnahme in frei vereinbarten Treffen über die im Alltag gemachten Erfahrungen austauschen können. "Die persönliche Situation in der Gruppe wird gleichzeitig zum Lern- und Experimentierfeld für das Alltagsleben und somit für die Übertragung der Erfahrungen enorm wichtig. "[48]

Karl Schwarz ist der Meinung, daß eine schon in der Maßnahme stattfindende Reflexion ausschlaggebend für einen Transfer ist, selbst wenn bestimmte Alltagssituationen nur geringe Berührungspunkte zu den in der erlebnispädagogischen Maßnahme gemachten Erfahrungen aufweisen. Seiner Ansicht nach kann eine reflexive Vertiefung die im Kurs erfahrenen Eindrücke in das Bewußtsein heben und somit für den Teilnehmer eine in den Alltag übertragungsfähige Lernsituation entstehen lassen. Er führt dabei das Beispiel eines amerikanischen Jungens an, der nach Erkletterung einer Felswand meint: Wenn ich in meinem Leben jemals vor einem großen Problem stehen werde, werde ich mich an die Felswand zurückerinnern ("If there is ever a great obstacle in my life, I will remember the cliff."[49]).

Auch meiner Auffassung nach ist die Reflexion eine entscheidende Voraussetzung, um den Teilnehmern den Transfer zu ermöglichen. Bei jeder Reflexion sollte der Satz von J.W. v. Goethe: "Der Weg ist das Ziel" besondere Berücksichtigung finden. Diskussionspunkt der Nachbesprechung sind daher hauptsächlich die Erfahrungen, die auf dem Weg zum Ziel gemacht wurden, und nicht das Ziel an sich. Das Ziel entspricht nämlich oft nicht den Situationen im Alltagsleben, es steht meist stellvertretend für schwierige bzw. unmöglich erscheinende Aufgaben, solche, die Angst machen. Entscheidend sind jedoch die Bewältigungsstrategien, die von den Teilnehmern angewandt werden, um die Herausforderung zu meistern. Diese Bewältigungsversuche entsprechen Strategien, die auch im Alltagsleben zur Lösung von Problemen, die Unsicherheit auslösen, angewandt werden können. Meiner Meinung nach können sie daher direkt in das Alltagsleben übertragen werden und stellen die eigentliche Lernerfahrung dar.

## 1.4. Zusammenfassung der wichtigsten Thesen des ersten Kapitels

* Die Gesellschaft ist zivilisationsgeschädigt.

* Es sind besondere prägende Erlebnisse nötig, damit der Einzelne seiner verborgenen Kräfte gewahr werden kann.

* Der Rettungsdienst, die Expedition, das Projekt und das körperliche Training erfüllen diese Aufgaben und dienen somit einer Charakterprägung im Sinne einer Erziehung zur Verantwortung, da deren Anwendung nicht nur theoretisch erfolgt, sondern auch praktisch.

* Die Gruppe spielt eine entscheidende Rolle in diesen erlebnispädagogischen Aktivitäten, damit neben individuellen Persönlichkeitsmerkmalen auch das Soziale Lernen gefördert werden kann.

* Die von Hahn erkannten Zivilisationsschäden sind immer noch vorhanden, nehmen teilweise sogar zu bzw. breiten sich aus, was sich an verschiedenen Entwicklungen deutlich machen läßt:
  - die privat-sozialen Systeme lösen sich auf
  - das Bedürfnis nach Individualität, Abnahme der Solidarität steigt
  - bestimmte Wohnsituationen nehmen Kindern Beziehungen und Bezugspersonen
  - die Welt der Erwachsenen hat mit der der Kinder nur noch wenige Berührungspunkte
  - der kindliche Drang nach Abenteuern, Selbsterfahrung und Entdecken wird durch "zweckmäßige" Architektur (Hochhäuser) gebremst und unterdrückt
  - die Reizüberflutung durch neue Medien läßt die Menschen mehr und mehr in die Zuschauermentalität verfallen
  - Rücksichtnahme und Hilfsbereitschaft nehmen ab
  - die Umweltverschmutzung nimmt zu

* Erlebnispädagogik ist daher als alternative Erziehungsmethode aktueller als je zuvor.

12

\* Erlebnispädagogische Maßnahmen können präventiven oder therapeutischen Charakter haben.

\* Die zentrale Frage nach der Wirksamkeit erlebnispädagogischer Maßnahmen ist die Transferproblematik.

\* Die Möglichkeit eines gelungenen Transfers erhöht sich:
  - wenn die Erfahrung im Gruppenverband der Erfahrung der Risikosituation zumindest gleichgestellt ist,
  - wenn sich die Gruppe auch nach der Aktivität trifft und sich über die in ihrem Alltag gemachten Erfahrungen austauschen kann,
  - wenn eine reflexive Vertiefung der Erfahrungen stattfindet.

## 2. Was sind Interaktionsspiele?

### 2.1. Ein Schritt seitwärts: Die Interaktionspädagogik

"Der Mensch wird nicht als Mensch geboren. Nur langsam und mühevoll, in fruchtbarem Kontakt, in Kooperation und Konflikten mit seinen Mitmenschen erwirbt er die kennzeichnenden Eigenschaften."[50]

Da der Mensch ein dialogisches Wesen ist, kann er folglich nur im Zusammenhang mit seiner sozialen Umwelt zutreffend erkannt und bestimmt werden. Er ist somit nicht nur abhängig von seiner sozialen Umwelt, sondern er "ist" sie in einem hohen Maße. Er reproduziert und stellt Bewußtheiten, Einstellungen und Verhaltensweisen seiner Umwelt dar. In der Wissenschaft wird daher der Mensch weder als Individuum allein noch als Kollektiv betrachtet, sondern der Mensch mit dem Menschen, welches eine dynamische Zweiheit und dialogische Existenz darstellt.[51] Der Begriff "Interaktion" bezeichnet dieses wechselseitige, aufeinander bezogene Handeln von Individuen bzw. Individuen in Gruppen, welches Habermas als kommunikatives Handeln (symbolisch vermittelte Interaktion und sprachlicher Austausch zwischen Menschen) in Abgrenzung zum instrumentalen (zweckrationales Handeln) und reflexiven Handeln (kritische Prüfung des Sinns von Arbeit und Interaktion) beschreibt.[52] Jedoch kann dieses interpersonelle Kontaktgeschehen nie isoliert betrachtet werden; es verweist immer sowohl auf die Persönlichkeit des Individuums (intrapersonelle Ebene) als auch auf die Gesellschaft (institutionelle Ebene). Der Mensch wird nämlich in der Entwicklung seiner ihn kennzeichnenden Eigenschaften von der Gesellschaft beeinflußt, andererseits kann er auch auf sie Einfluß nehmen, da er ja ein Teil von ihr ist. Eine andere Einflußgröße, die bisher kaum Berücksichtigung gefunden hat, ist die ökologische Ebene, die durch politische Entscheidungen beeinflußt wird, aber auch selbst diese beeinflussen kann. Ebenso nimmt sie auf den Menschen und seine Möglichkeiten Einfluß, wie auch der Mensch ihre "Entwicklung" beeinflussen kann.

In der Interaktionspädagogik liegt der Schwerpunkt der Betrachtung auf der interpersonellen Ebene: im sozialen Verhalten des Lernenden.[53] Ziel der Interaktionspädagogik ist es, zwischenmenschliches Verhalten zu verändern und zu verbessern. Sie gründet sich auf der Annahme, daß soziale Erfahrungen aus früheren Interaktionssituationen als Handlungsorientierungen für zukünftiges Handeln dienen.[54] Sie ist somit eine Erziehung zur interaktiven Kompetenz der werdenden Pesönlichkeit, die sich des Mediums und Mittels "Interaktion" bedient. Dieses Ziel der Interaktionserziehung ist nach Gudjons "... auf die Förderung der allgemeinen 'sozialen Kompetenz' (Argyle), auf Reifung durch Auseinandersetzung mit dem eigenem Erleben und in der offenen Begegnung mit anderen, auf Schulung der Selbst- und Fremdwahrnehmung und die Erweiterung des sozialen Verhaltensrepertoires sowie auf Selbstverantwortung und Ich - Stärke ..."[55] gerichtet.

Da in ihrem Mittelpunkt die Erfahrung der Beteiligten in ihrem eigenen, unmittelbaren zwischenmenschlichen Handeln steht, bietet sich die Arbeit mit Kleingruppen (oben als Lerngruppen bezeichnet) an, denn in welchem Umfeld würde sich Interaktionsverhalten besser beobachten und beeinflussen lassen können als in dem direkten Kontakt mit anderen Menschen? Auch stellt eine Gruppe den natürlichen Beziehungsrahmen des Menschens als soziales Wesen dar.[56] In ihr findet pyschosoziales Lernen statt, wenn auch meist spontan und unbewußt. Interaktionelle Gruppen haben das ausschließliche Ziel das Lernen im Bereich von Interaktion, Kommunikation und Kooperation zu fördern. In der interaktionellen Gruppe wird sich der Einzelne deshalb stärker bewußt, wie er sich tatsächlich verhält.[57]

## 2.2. Interaktionspädagogik und Soziales Lernen

Die Interaktionspädagogik fällt in den Bereich des relativ komplexen Begriffs "Soziales Lernen". Gegenstand des Sozialen Lernens sind die Beziehungen zu anderen und damit das Lernen abstrahierter Handlungsstrukturen.[58] **Prior** differenziert Soziales Lernen in vier Funktionsbereiche:

1. *Soziales Lernen als soziale Elementarerziehung* fordert die Schule als Sozialisationsfeld, in dem die Mindestanforderungen für Soziales Lernen vermittelt werden.

2. *Soziales Lernen als gruppendynamisch - interaktionistische Funktion* fördert das Interaktionsverhalten der Gruppenteilnehmer und die Entwicklung innerhalb der Lerngruppe, wobei diese Gruppe als soziales System verstanden werden kann. Der Schwerpunkt liegt in der Persönlichkeitsentwicklung des Einzelnen durch Gruppenprozesse.[59]

3. *Soziales Lernen als sozialpädagogische und kompensatorische Funktion* findet vor allem da Anwendung, wo besondere Defizite in der Affekt- und Sozialbildung vorliegen. Die Lerngruppe bekommt hier einen kompensatorischen und therapeutischen Charakter: Die Entwicklung und Stabilisierung der Persönlichkeit ist das oberste Lernziel.

4. *Soziales Lernen als emanzipative und politische Funktion* hat die Befähigung zum politischen Verhalten in zweierlei Hinsicht zum Ziel: einmal die Aufklärung über psychosoziale Ursachen politischen Verhaltens, zum anderen die Vorbereitung zum politischen Handeln durch Erfahrungen mit kollektiven Arbeitsformen,

demokratischer Führung, Auseinandersetzung mit politischen Gegenständen und der Teilnahme an "politisierender Praxis".[60]

Die Interaktionspädagogik hat ihren Schwerpunkt in dem zweiten Punkt dieser Differenzierung. Sie fällt größtenteils deswegen in dieses Feld, da der Funktionsbereich 2 den Funktionsbereich 1 als Basis miteinschließt und dessen Erfahrungen das Soziale Lernen im vierten Funktionsbereich erst ermöglichen. Interaktionspädagogik reicht also sowohl in die Elementarerziehung als auch in den Bereich des Politischen Lernens hinein und beeinflußt die Lernprozesse auf diesen Gebieten.

Aus diesem Grund werde ich nun die genannten Funktionsbereiche von Prior näher erläutern:

*Grundgedanke des ersten Funktionsbereiches* ist die Notwendigkeit einer elementaren Sozialerziehung, um die Grundbedürfnisse menschlichen Verhaltens (Identität, Toleranz, Kooperation, Kritik, Solidarität, Sensibilität und Sprache) befriedigen zu können. Auch werden diese Bedürfnisse gleichsam Richtziele der Sozialerziehung, da sie die Ausbildung von Sozialkompetenz ermöglichen. Anknüpfungspunkt einer methodisch-didaktischen Konzeption ist daher das soziale Handeln, die Erlebnisse in Interaktionsprozessen und das Wissen über soziale Prozesse.[61] In Anlehnung an Habermas steht in diesem Funktionsbereich die instrumentale Handlungskompetenz im Mittelpunkt.

*Der zweite Funktionsbereich* setzt die Existenz "genereller Regelmäßigkeiten" in Interaktionen voraus, das heißt die Existenz eingespielter und im Verkehr mit anderen Personen verwendeter Lösungen von grundlegenden Interaktionsproblemen (wie zum Beispiel der Problemkreis Sicherheit, Vertrauen und Normalität). Diese stellen die Basis für eine länger andauernde Interaktion dar. Während die Interaktionsprobleme als unveränderbar erscheinen, versucht das intentionale Soziale Lernen bei den Lösungsmustern dieser Probleme anzusetzen. Es wird dabei vorausgesetzt, daß die Gruppe den Einzelnen zu einem gruppeninternen Rollenspiel bzw. zu einer Selbstdarstellung vor den anderen Gruppenmitgliedern nötigt: "Man kann sagen, daß die mikrosoziale Einheit 'Gruppe' die kleinste soziale Formation ist, die unter dem Druck des öffentlichen Rollenspiels steht, also gemeinsame, abgestimmte, aufeinander bezogene und entsprechend typisierte, mehr oder weniger rational ausgehandelte und in Routinen transformierte Situationsdefinitionen zustandebringen und ihr Handeln daraufhin ausrichten muß."[62] Nach Luhmann sind diese generellen Regelmäßigkeiten, wie zum Beispiel die Strukturierung einer Gruppe um eine Führungsperson oder die typisierende Wahrnehmung und das gegenseitige Klassifizieren nur durch ein Erkennen und Erfahren funktionaler Äquivalente, möglich. Die Aufgabe des Sozialen Lernens im Interaktionsbereich ist es daher, das künftige Einspielen unerwünschter genereller Regelmäßigkeiten zu verhindern und andere Ablaufmuster einzurichten, die die gleiche Funktion erfüllen, praktisch aber besser sind. Voraussetzung für eine Akzeptanz dieser Äquivalente sind

1. *das Erkennen* von und das Erkennen mit generellen Regelmäßigkeiten und

2. *das Erfahren* der ablaufenden und das Erfahren einer alternativen Realität.[63]

Nur mit Hilfe dieser zwei Elemente kann ein Verlangen nach einem neuen bzw. anderen Verhalten entstehen, was zur Folge hat, daß ein bestimmtes ausgewählt und erprobt wird.

Eine entscheidende Rolle spielt in diesem Funktionsbereich auch das sogenannte "Feedback". Feedback ist eine Rekonstruktion und Verbalisierung abgelaufener Interaktionsprozesse in speziell dafür eingerichteten Situationen und dient der Überprüfbarkeit, also dem Erkennen des eigenen Verhaltens.[64] Durch ein richtig gegebenes Feedback[65] kann der Betroffene erkennen, wie sein Verhalten auf andere wirkt, wie er in einer Beziehung erlebt wird, wie er in der Gruppe steht, usw.[66] Auch im Falle eines neu erprobten Verhaltens kann ein Feedback Aufschluß über die Angemessenheit des Verhaltens für die jeweilige Situation geben. Bei einem negativen Ergebnis muß ein anderes Verhalten ausgewählt werden, bei positiven kann das neue Verhalten generalisiert und in den allgemeinen Lebensbezug integriert werden.[67]

*Der dritte Funktionsbereich* fordert vor allem die Sozial- und Sonderpädagogik heraus. Auf ihn soll in dieser Arbeit nicht näher eingegangen werden. Er knüpft aber insofern an die ersten zwei Funktionsbereiche an, da er da, wo in der vorangegangenen individuellen Sozialisation Defizite in der Affekt- und Sozialbildung auftreten, eine kompensatorische und therapeutische Funktion erfüllt. Aufgabe der Sonder- und Sozialpädagogik ist es auf soziale Devianz zu reagieren, indem sie sie entweder reduziert, verhindert oder aufhebt. Die Integration oder Resozialisierung ist das oberste Ziel des Sozialen Lernens in diesem Funktionsbereich.[68]

*Der vierte Funktionsbereich* des Sozialen Lernens[69] versucht die politische Dimension des emanzipatorischen Sozialen Lernens herauszuarbeiten. Dabei baut er vor allem auf die ersten zwei Funktionsbereiche als positive Lernvoraussetzung auf. Mit ihm kann die Sensibilität für soziale Phänomene, die Einsicht in Gruppen- und Interaktionsprozesse, die Fähigkeit zur Kooperation politisch fruchtbar gemacht werden.

Im Mittelpunkt der methodisch-didaktischen Konzeption von Prior steht daher 1. die Erfahrung der Verknüpfung von lebensgeschichtlicher Subjektivität mit objektiven, geschichtlich gesellschaftlichen Bedingungen, wobei die gegebenen Erfahrungen aus ihrer Einzelfallhaftigkeit herausgehoben und objektiviert werden müssen; 2. die "soziologische Phantasie", also die Fähigkeit mit Hilfe verschiedener Sichtweisen (zum Beispiel der Psychologie oder Politik) Strukturzusammenhänge zwischen Individuum und Gesellschaft zu erkennen und zu begreifen, das heißt die didaktische Aufarbeitung von Erfahrungen; 3. das Handeln bzw. Probehandeln zum Beispiel in Plan- oder Rollenspielen, aber auch in konkret politisch-gesellschaftlichen Situationen. Die durch "learning by doing" gemachten Erfahrungen mit kollektiven Arbeitsformen und demokratischer Führung haben dann auch eine Befähigung zum politischen Verhalten zur Folge.

Nach den obigen Ausführungen ist erkennbar, daß Soziales Lernen sowohl auf die Erlangung und Reflexion von Handlungskonzepten abzielt, als auch auf eine Ände-

18

rung, soweit diese Konzepte irrationellen Zwängen unterliegen. Jedoch muß gleich-zeitig eine Kompetenz erlangt werden, mit deren Hilfe man jene gesellschaftlichen Zwänge aufdecken und zugleich verändern kann, damit soziale Kompetenz überhaupt fruchtbar werden kann: eine politische Kompetenz.

Nach Lewin, dem Initiator der feldtheoretischen Betrachtungsweise, wird das Verhal-ten und Handeln des Ichs von einer dynamischen Ganzheit von Kräften, die sich aus den Eigentümlichkeiten einer konkreten Situation und den Faktoren einer individuellen Lebenssituation ergibt, bestimmt.[70] Neben augenblicksgebundenen Befindlichkeiten, Motivationen und Emotionen wirken ebenso die Faktoren einer konkret erfahrenen Wirklichkeit, deren Folgen Verhaltensvorgaben, Begrenzungen oder Versagungen sind. Zu diesen Faktoren sind unter anderem zu zählen: "das politische System, Reichtum oder Armut, das Bildungsniveau, das Lebensalter und der Entwicklungs-stand, Gesundheit oder Krankheit usw."[71] Meiner Ansicht nach, muß daher eine Pädagogik, die ihren Schwerpunkt in die Beeinflussung interpersonellen Verhaltens legt, logischerweise auch das Ziel haben, sowohl intrapersonelle Grundstrukturen als auch gesellschaftliche Strukturen und Bedingungen zu berücksichtigen, aufzudecken und eventuell zu beeinflussen oder zu verändern.

Ob es deshalb Aufgabe der Interaktionspädagogik sein soll, diese oben geforderte politische Kompetenz zu vermitteln, kann bestritten werden, jedoch ist es, meiner Meinung nach, zumindest ihre Aufgabe auch Lernprozesse in dieser Richtung in Gang zu setzen.

## 2.3. Beschreibung von Interaktionsspielen ...

In diesem Kapitel werden die Interaktionsspiele als eine Technik der Interaktionspäd-agogik beschrieben.

Die in dieser Arbeit besprochenen Spiele bzw. Übungen haben also pädagogischen Charakter: Ihr Zweck ist nicht die Unterhaltung und die Entspannung allein, sondern auch die Förderung bestimmter Verhaltensweisen. Insofern sind es "ernste Spiele", auch wenn dabei gelacht oder getobt wird. Sie haben eine erzieherische Dimension, auf die näher eingegangen werden soll.

Portele hat pädagogische Vorteile bei der Verwendung von Spielen folgendermaßen zusammengefaßt:

Ein Spiel hat positiven Aufforderungscharakter, somit ist eine extrinsische Motivation nicht nötig.

- Ein Spiel unterstützt innerhalb bestimmter Regeln die Selbststeuerung des Verhaltens und trägt somit zu der Erprobung und Entwicklung neuer Verhaltensweisen bei.

- Spielregeln erlauben ein mögliches Aus-der-Rolle-Fallen und bieten somit die Möglichkeit zu neuen Erfahrungen (im Gegensatz zu den Regeln im Alltag).

- Der Als-ob-Charakter eines Spiels ermöglicht eine distanzierte Reflexion des Ichs und der Rolle; die Spielhandlung kann objektiv betrachtet werden und so zu einem Angstabbau vor ernsten Konsequenzen führen.

- Das Spiel bietet eine direkte Erfahrung, die im Gegensatz zur abstrakten Vermittlung einen Zugang zur Wirklichkeit darstellt.

- Das aktuelle Geschehen zwischen den Beteiligten, welches geplant und zielorientiert reflektiert wird, steht im Mittelpunkt.

- Aktives Interagieren fordert die Auseinandersetzung mit anderen und fördert den Zusammenhalt. Man lernt von- und miteinander, da Interaktionsspiele sich durch einen Nullsummencharakter auszeichnen (es gibt keine Gewinner oder Verlierer).[72]

Klaus Vopel definiert ein Interaktionsspiel folgendermaßen: "Ein Interaktionsspiel ist eine Intervention des Gruppenleiters (oder eines Teilnehmers) in die gegenwärtige Gruppensituation, welche die Aktivität aller Gruppenmitglieder durch spezifische

Spielregeln für eine begrenzte Zeit strukturiert, damit ein bestimmtes Lernziel erreicht wird."[73]

Interaktionsspiele haben das wechselseitige Reagieren von Spielpartnern zum Inhalt. Sie können in fünf Bereiche eingeteilt werden: Spiele zur Körper- und Raumerfahrung, Spiele zur Wahrnehmungsschulung, Ausdrucksspiele, Empathiespiele und Kooperationsspiele.[74]

Ziele von Interaktionsspielen können sein: die Sensibilisierung von Wahrnehmung und Hilfen zur Kommunikation von Wahrnehmung (auch im Gefühlsbereich); das Erkennen der eigenen Person verbunden mit dem Aufbau eines Selbstbildes, Selbstwertgefühls, Selbstverantwortlichkeit (einschließlich von Veränderungswünschen und - möglichkeiten); Hilfe zur Entwicklung von Vertrauen, Offenheit, Echtheit; offenes, konstruktives Feedback, um eine Entscheidung über mögliche Konsequenzen fällen zu können; flexibler Umgang mit Rollen und Normen; Kooperation, Entscheidungs- und Konfliktstrategien als klassische Gebiete des Interaktionstrainings usw.[75]

Besonderes Merkmal der Interaktionsspiele ist die Reproduktion der Realität, die jedoch nur ausschnittsweise betrachtet wird, wobei wesentliche Elemente isoliert und mit Spielregeln in einen künstlichen Kontext gesetzt werden. So ist die Konzentration der Teilnehmer auf einen Brennpunkt gerichtet und dieser wird bearbeitet. Dies erleichtert das Verständnis für Strukturen und strukturelle Zusammenhänge im Gegensatz zu einer eher unüberschaubaren Wirklichkeit. Außerdem kann neues, verändertes oder altes Verhalten in risikofreien Situationen geübt werden, dessen Scheitern nicht gleich in einer Katastrophe endet.[76] Da sich in diesem Schonraum der Gruppensituation die Als-ob-Elemente und Ernsthaftigkeit der Erfahrungen miteinander abwechseln, findet eine Ermutigung zum Hinterfragen des eigenen Verhaltens statt.[77]

## 2.4. ... und ihre Kategorisierung nach Komplexität

Da die Interaktionspädagogik, meiner Meinung nach, ein Teilkonzept des Sozialen Lernens darstellt, werde ich in Anlehnung an die Funktionsbereiche nach Prior in dieser Arbeit eine Grobeinordnung der Interaktionsspiele in Komplexitätsstufen versuchen. Dazu muß aber gleichzeitig eine Gliederung der Interaktionspädagogik anhand der verschiedenen Funktionsbereiche erfolgen. Die Übergänge zwischen diesen Stufen sind fließend.

Bevor ich auf die einzelnen Stufen zu sprechen komme, seien jedoch die Nachbesprechungsspiele erwähnt, die sich keiner speziellen Stufe zuordnen lassen. Sie sind vielmehr eine zusätzliche Reflexionsstütze der - in den verschiedenen Stufen oder in anderen Interaktionen gemachten - Erfahrungen.

Der erste Funktionsbereich, die soziale Elementarerziehung, entspricht meiner Meinung nach dem Grundbaustein der Interaktionspädagogik. Hier geht es um die intrapersonelle Ebene der Person. Ziel ist es, daß der Einzelne ein Verhältnis zu sich selbst entwickelt, sich seiner Grundqualifikationen bewußt wird. Im Mittelpunkt der Interaktionsspiele in diesem Funktionsbereich steht die Wahrnehmung und Reflexion des eigenen Verhaltens und der Handlungsorientierungen.
Ein typisches Spiel für diese Stufe mit geringer Komplexität wäre das bei H.Gudjons beschriebene Spiel "Ich nehme wahr". Bei diesem Spiel geht es um die Konzentration der Wahrnehmung auf das Hier-und-Jetzt. Der Teilnehmer soll sich über den Vorgang seiner eigenen Wahrnehmung bewußt werden und lernen diese zu steuern.[78]
Der Teilnehmer lernt mehr über sich selbst und seine Handlungsmuster in Interaktionsprozessen, jedoch stehen nicht die Interaktion und deren Gesetzesmäßigkeiten im Mittelpunkt der Betrachtung, sondern der Betroffene selbst.
Ein anderes dieser Stufe entsprechendes Spiel wäre die bei Vopel beschriebene Aufgabe "Mein Selbst", bei der die einzelnen Teilnehmer versuchen, einer ihnen wichtigen Person eine Selbstbeschreibung zu geben.[79]

Die Komplexität der in dieser Stufe gespielten Übungen ist also relativ gering, da nur der Einzelne betrachtet wird. Wie der erste Funktionsbereich des Sozialen Lernens Basis für den zweiten ist, ist auch diese Stufe der Interaktionspädagogik Voraussetzung für die zweite.

Die zweite Stufe der Interaktionspädagogik, die dem zweiten Funktionsbereich des Soziale Lernens (Soziales Lernen in gruppendynamisch - interaktionellen Zusammenhängen) gegenübergestellt werden kann, ist wohl die "typische" Interaktionspädagogik. Sie interessiert sich hauptsächlich für die interpersonelle Ebene. Ihr Blickpunkt ist auf das Erleben der eigenen Persönlichkeit im Zusammenspiel mit anderen Teilnehmern und dem Erleben anderer Gruppenmitglieder gerichtet. Somit ist die Existenz einer Gruppe Voraussetzung für Lernerfahrungen in dieser Stufe.

Um ein Erkennen und Erfahren funktionaler Äquivalente zu alten Handlungsmustern (Lösung von Interaktionsproblemen) möglich zu machen, kann die Interaktionspädagogik Spiele bereitstellen, die die Auseinandersetzung der Gruppenmitglieder untereinander beinhalten. In dieser Stufe werden vom Gruppenleiter bewußt Interaktionen der Teilnehmer "provoziert". Im Mittelpunkt der Spiele steht der Aufbau von Sicherheit, Vertrauen und Normalität. Typisch für diese Stufe wären daher Kommunikations- und Vertrauensspiele.

Im Grunde genommen müßte eigentlich an dieser Stelle der Begriff "Übung" anstatt "Spiel" verwendet werden, um das systematische Trainieren von Verhaltensmöglichkeiten herauszuheben und dem noch spielerischen Charakter der ersten Stufe der Interaktionspädagogik gegenüberzustellen. Da jedoch der Ausdruck "Spiel" auch in der gängigen Literatur häufiger verwendet wird als "Übung", behalte ich aus Verständnisgründen den erstgewählten Begriff bei.

Die Komplexität der Situation hat hier im Vergleich zur ersten Stufe deutlich zugenommen, sie beinhaltet nicht mehr nur die eigene Person, sondern interessiert sich für die Interaktionsmuster, die in der gesamten Gruppe stattfinden. Dadurch nimmt auch die Komplexität der Spielsituationen zu, die Gruppenteilnehmer arbeiten jetzt miteinander, um ihre eigene Handlungskompetenz gegenüber anderen zu hinterfragen. Spielbeschreibungen dieser Stufe sind im Teil II.1 zu finden. Aufbauend auf - ein in den ersten zwei Stufen gewonnenes - Verhaltensrepertoire werde ich im nächsten Absatz als Ausblick ein hypothetisches Modell einer dritten Phase der Interaktionspädagogik, die die institutionelle Ebene näher beleuchtet, beschreiben. Diese Stufe berücksichtigt die Förderung der reflexiven Handlungskompetenz.

*Ausblick:*

Eine dritte Stufe der Interaktionspädagogik würde dem vierten Funktionsbereich des Sozialen Lernens (Soziales Lernen als emanzipative

und politische Funktion) entsprechen. Eine Anwendungsmöglichkeit der Interaktionspädagogik in diesem Bereich findet in der Literatur eigenartigerweise keine Erwähnung; erstaunlich ist dies, da in der heutigen Zeit das Schlagwort "Ganzheitlichkeit" immer mehr an Bedeutung gewinnt, in diesem Zusammenhang aber offensichtlich kaum berücksichtigt wird. Während in den ersten zwei Stufen Spiele zur Wahrnehmung des eigenen Verhaltens und zur Erlangung von Sicherheit, Normalität und Vertrauen verwendet werden, könnten die Teilnehmer in einer dritten Stufe aufgefordert werden ihre Handlungskompetenzen in *gemeinsamen* Aktionen umzusetzen. Zwar konnte ich keine Spielformen für die ersten zwei Elemente der methodisch - didaktischen Konzeption (die Verknüpfung von lebensgeschichtlichen Erfahrungen mit gesellschaftlichen Bedingungen und die soziologische Phantasie) finden, jedoch gibt es hervorragende Spielformen für das sogenannte Probehandeln wie zum Beispiel die Plan- oder Rollenspiele. Aber auch sogenannte "Problemlösungsspiele", deren Charakter ich kurz erläutern werde, fallen in diesen Bereich, da sie den Teilnehmern durch kollektiv ausgeführte Erfahrungen Problembewältigungsstrategien an die Hand geben, die auch auf alltägliche Problemsituationen übertragen werden können. Ein "Problemlösungsspiel", auch Initiativspiel genannt, ist eine problemorientierte Aktivität, bei der der gesamten Gruppe eine Fragestellung ohne Antwort gegeben wird. Zwei Fragen müssen dementsprechend gelöst werden: "Wie könnt ihr dieses Problem

24

lösen?" und "Wie ist Euer Plan?". Ein Problemlösungsspiel eignet sich besonders, um den Teilnehmern den Weg eines Entscheidungsfindungsprozesses, Möglichkeiten der Mitbestimmung, Schlüsselqualifikationen eines Leiters, usw. deutlich zu machen. Die Lösung wird durch Planen, Versuchen, eventuell anfängliches Versagen und letztendlichen Erfolg gefunden. Bei manchen Gruppen ist es sinnvoll die einzelnen Schritte einer Problemlösung durchzusprechen, bevor man das Initiativspiel ausführt. Folgende vier Schritte sind zu berücksichtigen:

(1) das Problem zu erkennen und die Aufgabe zu akzeptieren,

(2) über das Problem nachzudenken, es zu analysieren und einen Plan zu fassen,

(3) den Plan auszuführen

(4) die Effektivität des Planes bzw. der Ausführung überprüfen

Während die ersten zwei Phasen der Interaktionspädagogik beim subjektiven Faktor, d.h. den lebensgeschichtlichen, individuellen Daten eines Menschen[80] ansetzen, steht in der dritten Stufe die Umsetzung der individuellen Handlungskompetenzen in kollektiven Aktionen im Mittelpunkt. Die Fragen "Welche Mitwirkungs- bzw. Mitbestimmungsmöglichkeiten für Euch selbst konntet ihr erkennen?" oder "Was ist Euch aufgefallen, was Ihr bereits aus anderen Situationen, wenn eine Gruppe an Problemen arbeitet, kennt?" könnten der von Prior geforderten Verobjektivierung der Erfahrungen vielleicht einen Anstoß geben.

Die Komplexität der Interaktionsübungen würde in diesem Bereich die höchste Stufe erreichen. Sowohl die intrapersonelle, als auch die interpersonelle und gesellschaftliche Ebene kann auf ihre die Handlungsmuster des Einzelnen, aber auch der Gruppe bedingende Einflußgröße berücksichtigt werden. Diese Stufe ist somit im Vergleich zu den vorherbeschriebenen Stufen die komplexeste und damit auch die realitätsnaheste. Einige Beispiele solcher Interaktionsspiele sind im Teil II.2 zu finden.

Ich denke, es ist bei den obigen Ausführungen deutlich geworden, daß Politisches Lernen nicht allein mit Interaktionsspielen bestritten werden kann. Die Interaktionspädagogik kann mit ihren Spielen in diesem hypothetischen Modell einer dritten Stufe, wenn überhaupt, nur einen Teilbereich des Politischen Lernens ausmachen. Zum einen wendet sie sich mit Problemlösungsspielen nicht den von Prior geforderten geographischen oder zeitlichen Fernräumen, sondern nur den direkt erfahr- und sichtbaren Nahräumen zu (wobei ein Fernraum vielfach verformt und subjektiv umgesetzt auch als Nahraum relevant werden kann)[81]. Zum anderen bedarf es nach Prior zur politischen Erkenntnis auch der Beherrschung von abstrakten Erkenntnistechniken, sowie der Verknüpfung lebensgeschichtlicher Erlebnisse mit objektiven gesellschaftlichen Bedingungen[82]. Auch dies können Problemlösungsspiele nicht leisten.

Die Interaktionspädagogik kann, meiner Meinung nach, nur für das von Prior geforderte dritte Element der methodisch-didaktischen Konzeption, dem Probehandeln, Spiele bereitstellen; für diese müssen jedoch Möglichkeiten zur konkreten Veränderung (konkretes Handeln) tatsächlich gegeben sein, andernfalls würden sie zu einem bloßen Unterhaltungsprogramm degenerieren.

In einem entsprechenden Kontext jedoch könnten Spiele meiner Meinung nach - auch in Anlehnung an die von Portele genannten Vorteile von Spielen - eine Chance bieten, die politische Apathie (= der Verlust des Glaubens, es können tatsächlich grundlegende Veränderungen erfolgreich durchgeführt werden) zu reduzieren bzw. Teilnehmern Strategien aufzuzeigen, als Gruppe gemeinsam Probleme anzugehen und zu meistern.

Während die Beherrschung von Erkenntnistechniken beispielsweise in Unterrichtseinheiten gelernt werden können, bieten, meiner Einschätzung nach, erlebnispädagogische Maßnahmen ein Umfeld, das verändertes Handeln ermöglicht. Das nächste Kapitel soll unter anderem davon handeln.

## 2.5. Zusammenfassung der wichtigsten Thesen des zweiten Kapitels

* Interaktion ist wechselseitiges aufeinander bezogenes Handeln.

* Handeln, das sich auf der interpersonellen Ebene abspielt (kommunikatives Handeln), beeinflußt und wird beeinflußt durch die intrapersonelle, institutionelle und ökologische Ebene.

* Die Interaktionspädagogik beschäftigt sich schwerpunktmäßig mit der interpersonellen Ebene, mit der Förderung der interaktiven Kompetenz.

* Für diese Arbeit bietet sich als Organisationsform die Kleingruppe an.

* Soziales Lernen kann in vier Funktionsbereiche und deren Aufgaben unterschieden werden:

  - soziale Elementarerziehung: Befriedigung von Grundbedürfnissen menschlichen Verhaltens

  - gruppendynamisch-interaktionistischer Funktionsbereich: Aufdecken und Verhinderung unerwünschter "genereller Regelmäßigkeiten" durch ein Erkennen dieser und ein Erfahren alternativer.

  - sozialpädagogischer-kompensatorischer Funktionsbereich: Ausgleich der Defizite in Affekt- und Sozialbildung.

  - emanzipativer-politischer Funktionsbereich: Umsetzung der gewonnenen Handlungskompetenz in der Gesellschaft, durch die Verknüpfung lebensgeschichtlicher Subjektivität mit objektiven Bedingungen, durch soziologische Phantasie und durch Probehandeln bzw. Handeln.

* Die Funktionsbereiche bauen aufeinander auf, fließen ineinander.

* Die Interaktionspädagogik fällt in den Bereich der gruppendynamisch-interaktionistischen Ebene, hat aber durchaus auch Berührungspunkte mit den anderen Funktionsbereichen.

* Daher muß die Interaktionspädagogik ebenfalls diese Bereiche berücksichtigen bzw. Fehlentwicklungen in diesen zu verhindern und Weiterentwicklungen zu fördern suchen.

* Interaktionsspiele sind eine Technik der Interaktionspädagogik.
* Interaktionsspiele haben das wechselseitige Reagieren von Spielpartnern zum Inhalt.
* Mit Hilfe von Interaktionsspielen
  1. wird die Komplexität von realitätsnahen Strukturen auf zu behandelnde Brennpunkte reduziert (daraus ergibt sich die Schlußfolgerung, daß die Nähe zur Realität wächst, je mehr die Komplexität zunimmt).
  2. nimmt die pädagogische Kalkulierbarkeit zu.
  3. lassen sich die Ursachen für Störungen leichter ausmachen und überprüfen.
  4. nimmt die Planbarkeit von Wirkungen zu.

* Die Funktionsbereiche des Sozialen Lernens können den Komplexitätsstufen der Interaktionspädagogik gegenübergestellt werden.
* Stufenunabhängige Übungen sind die "Nachbesprechungsspiele", die der reflexiven Vertiefung der Erfahrungen und dem Feedback dienen.
* Die erste Stufe, die der sozialen Elementarerziehung entspricht, hat die geringste Komplexität. Im Mittelpunkt steht die Persönlichkeit des Einzelnen.
* Die zweite Stufe kann dem gruppendynamisch-interaktionistischen Funktionsbereich gegenübergestellt werden und beschäftigt sich hauptsächlich mit dem interaktiven Verhalten.
* Die dritte Stufe erreicht den höchsten Grad der Komplexität. Sie entspricht dem emanzipativen-politischen Funktionsbereich des Sozialen Lernens. Die in dieser Stufe gespielten Übungen, Plan-, Rollen-, Problemlösungsspiele eignen sich besonders gut für das von Prior geforderte Probehandeln. Dabei steht die Umsetzung der individuellen Handlungskompetenzen in kollektive Aktionen im Mittelpunkt.

28

# 3. Die Verknüpfung von Interaktionspädagogik (bzw. Interaktionsspielen) und Erlebnispädagogik

Ob Interaktionsspiele in der Erlebnispädagogik sinnvoll sein können, bzw. eine Einbindung erlebnispädagogischer Maßnahmen in die Interaktionspädagogik erfolgsversprechend sein kann, läßt sich von zwei Seiten beleuchten:

1. aus der Sicht der Interaktionspädagogik
2. aus der Sicht der Erlebnispädagogik

## 3.1. Erlebnispädagogische Maßnahmen in der Interaktionspädagogik

Die ausschließliche Anwendung von Interaktionsspielen birgt angesichts der wesentlicheren Fragen der Identitäts- und Orientierungssuche der Jugendlichen die Gefahr der Langeweile und des Desinteresses in sich. Als sogenannte warm-up-Spiele sind sie meist noch willkommen und akzeptiert, jedoch später erweisen sie sich als zu leichtgewichtig.[83] Da sich Melzer-Lena zufolge die heutige Jugend immer stärker am Lustprinzip ausrichtet ("Je polysensueller ein Erlebnis ist, desto stärker ist es gefragt."[84]) kann eine mit erlebnispädagogischen Aktivitäten verknüpfte Interaktionspädagogik, meiner Meinung nach, dem Jugendlichen einen größeren Anreiz zur Mitarbeit bieten.

Wie in den vorangegangenen Kapiteln schon erwähnt, müssen Interaktionsübungen eine gewisse Nähe zur Realität aufweisen, um in das Alltagsleben übertragen werden zu können. Dementsprechend sollte, meiner Meinung nach, logischerweise ebenfalls der Kontext, in dem diese Übungen stattfinden, realitätsnah gestaltet sein. Gerade erlebnispädagogische Maßnahmen können ein extrem hohes Maß an Realität erreichen, wenn nicht sogar eine Intensivierung. Ziegenspeck verdeutlicht dies: Das Leben an Bord der "Thor Heyerdahl" ist in Verbindung mit natursportlichen Aktivitäten ein reales Programm. " ... die Programme auf der 'Thor Heyerdahl' sind ein Stück Realität. Diese Realität wird systematisch und neu d. h. 'vertieft' erfahren ... Das

Programm auf der Thor Heyerdahl ist in diesem Sinne eine ... Verstärkung des Alltagslebens. "[85]

Erlebnispädagogische Maßnahmen stellen also ein reales und nicht mit künstlichen Hilfsmitteln herbeigeführtes Umfeld dar. Der Schonraum ist nicht physischer Art (die Situation ist konkret), sondern psychischer Art (Unterstützung durch die Gruppe). Jedoch wird dem Jugendlichen durch die Erlebnispädagogik ein anderes (Er-)leben als in den üblichen Sozialisationsinstitutionen (wie zum Beispiel in Familie und Schule) ermöglicht. Daher glaube ich, daß die Erlebnispädagogik, ein Handlungsfeld symbolisiert, in dem die in der Interaktionspädagogik gewonnene Handlungskompetenz aktiv umgesetzt werden kann. Dies würde dem von Prior geforderten Element "Handeln" entsprechen. Es ist dem Teilnehmer einer erlebnispädagogischen Maßnahme möglich in Interaktionsspielen gemachte Erfahrungen in realen Situationen, wie Rettungsdienst, Projekt oder Expedition, auszuprobieren, wobei der Schonraum (die Gruppensituation) zwar immer noch vorhanden ist, die Situation jedoch einen höheren Ernstcharakter hat als die in Interaktionsspielen oder -übungen.

## 3.2. Interaktionsspiele in der Erlebnispädagogik

Interaktionsspiele sind, meiner Ansicht nach, ein viel zu wenig benütztes Werkzeug, mit deren Hilfe man gerade Erfahrungen in der Erlebnispädagogik vorbereiten, reflektieren, vertiefen und auf den Alltag generalisieren kann. Diese Behauptung werde ich anhand einiger Beispiele näher erläutern:

- Kurt Hahn empfand die Jugend als gesellschaftlich krank; wegen ihrer zahlreichen Zivilisationskrankheiten als nicht überlebensfähig. Hahn wollte den Jugendlichen mit seiner "Erlebnistherapie" die Möglichkeit verschaffen sich von den irrationalen Zwängen der Gesellschaft zu befreien, um zu den gesunden Tugenden zurückfinden zu können. Daß erlebnispädagogische Maßnahmen dieser Aufgabe gewachsen sein können, deutet sich beispielsweise bei den Ergebnissen des größten Gruppenexperiments der modernen Verhaltensforschung, der Arche Alcali, an. Sechs Frauen und fünf Männer segelten vier Monate auf einem Floß über den Atlantik, eine "Reise", die sich in Anlehnung an Hahn mit dem Element "Expedition" vergleichen läßt. Genovés, der Organisator des Experiments gibt zu, daß man im Alltagsleben immer versucht, besser "auszusehen", als man wirklich ist. Unter Extrembedingungen (wie zum Beispiel das Leben auf einem Floß) kommt jedoch bei jedem Teilnehmer der wahre Charakter, die wahre Persönlichkeit zum Vorschein.[86] Die üblichen Wertmaßstäbe für Kenntnisse, gesellschaftlichen und wirtschaftlichen Status gelten auf dem Floß nicht. Genovés behauptet, daß eine Person in Streßsituationen sie selbst ist und nicht mehr irgendwelche Rollen spielt.[87] Die Neigung, die an Land wahrgenommenen Rollen auf dem Floß weiterzuspielen, sei zwar vorhanden, jedoch mache die "brutale Wirklichkeit des Meeres" die Falschheit der Rollen deutlich.[88] So zeigt sich die Persönlichkeit eines jeden vor aller Augen ungeschminkt und die Widersprüchlichkeit, die jedem Menschen innewohnt, kann wahrgenommen werden.[89]

Das folgende, etwas längere Zitat soll das oben gesagte nochmals verdeutlichen:

*"Nachts habe ich einen langen Traum ... 'Sieh mal, ein Schiff!' ruft Sofia. Schwarz, groß, rießig, ganz nah. Die Alcali ist unwillig, verwundert, und fragt schließlich:'Wer bist Du?' - 'Ich? Ein Schiff. Sieht man das nicht? Auf dem Meer gibt es nur Schiffe.' - 'Du irrst Dich, ich bin ein Haus und ich bin auch auf dem Meer.' - 'Unsinn', sagt das schwarze Schiff mit seiner rauhen, zornigen Stimme, 'auf dem Meer gibt es nur Schiffe und nichts anderes. Du bist ein Schiff, Männer sind Männer, Frauen Frauen, Pfarrer Pfarrer, und eine Familie ist eine Familie.' Die Alcali protestiert: 'Du bist groß, du bist schwarz und weißt anscheinend eine ganze Menge, aber hier täuscht du dich.' ... 'Ich werde dir etwas erzählen, hörst Du mir zu?' fragt die Alcali. 'Erzähl, soviel du willst, ich höre zu, aber meine Meinung änderst Du nicht. Auf dem Meer gibt es nur Schiffe.' ... Die Alcali antwortet: 'Unsere Familie ist anders. Der Vater*

*ist Anthropologe, ich bin die Mutter, die anderen sind unsere Kinder.*
*Lauter Menschen ... ' - die Stimme wird leise und zart - 'wir leben*
*miteinander und wir lieben uns. Das ist alles. Obwohl nicht alle dieselbe*
*Sprache sprechen. Der Pfarrer ist nicht wie andere Pfarrer. Er predigt*
*nicht und nimmt keine Beichte ab. Die sechs Frauen arbeiten genausoviel*
*wie die Männer. Keiner spricht von Emanzipation, Ehemann oder Fri-*
*seur.' ... 'Auch die Männer reden nicht ständig von Politik, Geld, Wei-*
*bern oder Fußball. Sie arbeiten, kochen, spülen Geschirr. Hier ist die*
*Familie keine Familie im üblichen Sinn. Der Pfarrer ist anders als andere*
*Pfarrer, die Frauen anders als andere Frauen, und ich bin kein Schiff.*
*Ich bin die Alcali, das Haus auf dem Wasser.' ... Das Schiff schweigt.*
*Dreht ab und entschwindet. Gemächlich, ein wenig traurig, segelt die*
*Alcali weiter. Sofia und ich hören, wie sie leise sagt: 'Ob es mich ver-*
*standen hat? Wenn ich das wüßte ...'"[90]*

Die Erlebnispädagogik nach Hahn hat den Anspruch, dem Jugendlichen ein anderes Erleben seiner Persönlichkeit sowohl bezüglich des individuellen Selbstbildes als auch des Bildes als Gruppenmitglied zu ermöglichen. Aus den obigen Ausführungen zeigt sich, daß dies innerhalb einer Maßnahme durchaus möglich sein kann. Doch inwieweit das Gelernte auch in den Alltag übertragen werden kann, ist zweifelhaft. Andere als im Alltag übliche Handlungsmuster werden durch Extremsituationen geradezu provoziert (zum Beispiel ist die Zusammenarbeit beim Segeln eines Kutters oder beim Rettungsdienst unabdingbar, das äußere Erscheinungsbild einer Person unwichtig, nicht die Situation beschönigende Reden helfen, sondern nur das konkrete Handeln). Was jedoch geschieht in dem von irrationalen Zwängen geprägten Alltag, in dem die gelernten Verhaltensweisen zwar sinnvoll anwendbar wären, jedoch nicht provokativ herausgefordert, wenn nicht sogar von der Gesellschaft unterdrückt werden; von der Gesellschaft, die meist nach Äußerlichkeiten urteilt und nicht nach "inneren" Werten? Ich denke, daß es

ebenfalls zur Aufgabe der Erlebnispädagogik gehört, die in Extremsituationen gemachten Erfahrungen allgemeingültig zu machen.

- M. Schwiersch fordert die Erlebnispädagogik deshalb, wie schon im Kapitel
  "Transferproblematik der Erlebnispädagogik" erwähnt, auf, ihre Akzente nicht nur
  in die Aktion in Risikosituationen zu setzen, sondern ebenfalls in die Geschehnisse
  innerhalb der Gruppe (was sich nicht gegenseitig ausschließt), damit das oberste
  Ziel der Erlebnispädagogik, die Erziehung des Jugendlichen zum verantwortungs-
  bewußten Denken und Handeln, verwirklicht werden kann. Er ist der Ansicht, daß
  nur dann ein Lernen in Richtung Antizipation aversiver Situationen, Selbstverantwortung und die Fähigkeit, Einflußfaktoren auf die eigene Entscheidung zu reflektieren, Fähigkeit, eigene Vermeidungstendenzen zu überwinden, möglich ist.

- Auch können Interaktionsspiele bzw. -übungen den Transfer der in erlebnispäd-
  agogischen Maßnahmen gemachten Erlebnisse unterstützen. Im Gegensatz zu
  erlebnispädagogischen Maßnahmen sind Interaktionsspiele nicht an Erfahrungen in
  Extremsituationen gebunden und machen so eine alltagsgültige Auslegung möglich.
  Daher können Interaktionsspiele bzw. -übungen auch der nach Schwarz zur Ver-
  arbeitung der in Extremsituationen gemachten Erfahrungen nötigen Reflexion (s.o.)
  Rechnung tragen. Beispiele für solche Nachbesprechungsübungen können im Teil
  II.3 nachgelesen werden.

- Die im Teil II.3 aufgeführten Spiele erleichtern aber ebenso ein objektives Feedback, das zur Überprüfung eines gewählten Verhaltens notwendig ist (siehe auch
  Kapitel 2.2. Interaktionspädagogik und Soziales Lernen).

- In der Ernstsituation einer erlebnispädagogischen Maßnahme ist es unabdingbar,
  daß die Teilnehmer zusammenarbeiten können. Wenn es darum geht, einen Kutter
  zu segeln oder einen Rettungsdienst durchzuführen, ist keine Zeit mehr für unnöti-
  ge Diskussionen; jeder muß abschätzen können, was er sich selbst und anderen

zumuten kann. So sind Interaktionsspiele schon (oder gerade) in der Vorbereitung von Expedition, Projekt oder Rettungsdienst angebracht. Mit ihrer Hilfe kann der Einzelne mehr über sich und seine Grundfähigkeiten erfahren (Interaktionsspiele der ersten Stufe), was eine Grundvorausetzung für die spätere Zusammenarbeit in Projekt, Expedition und Rettungsdienst ist. Der Einzelne muß einschätzen können, wie er sich in einer "kribbeligen" Situation verhalten wird, um die Gruppe nicht zu gefährden.

- Im Rettungsdienst oder der Expedition darf die Zusammenarbeit weder von Konkurrenzstreben noch von Sympathie bzw. Antipathie der Einzelnen zu- oder gegeneinander abhängen. Mit Interaktionsspielen kann die Gruppe lernen, daß es Spaß macht zusammenzuarbeiten und daß der Erfolg einer Aktivität von einer guten Zusammenarbeit und gegenseitigem Vertrauen abhängt, wobei die Vertrauenswürdigkeit und Zuverlässigkeit einer Person bereits in diesen Spielen überprüft werden kann. Ebenso können auch Vorurteile gegen Mitglieder abgebaut werden, da sich die Persönlichkeit und Kompetenz des Einzelnen oft schon in Interaktionsspielen festmachen läßt (Spiele der zweiten Stufe der Interaktionspädagogik).

- Da Kurt Hahns Ziel die Erziehung des Jugendlichen zum mündigen, verantwortungsvollen Bürger der Gemeinschaft war, darf es, meiner Meinung nach, auch in der Erlebnispädagogik nicht versäumt werden, Lernprozesse in Richtung einer sozial-politischen Handlungsfähigkeit in Gang zu setzen. So ist es in einer heiklen Situation, aber auch im Alltagsleben oft nötig Entscheidungen und Lösungswege für Probleme, die eine bestimmte Gruppe betreffen, zu finden. Durch Interaktionsspiele (beispielsweise Problemlösungsspiele) können Teilnehmer eine Art allgemeingültiger "flexibler Routine" in Entscheidungsfindungsprozessen erlernen (Spiele der dritten Stufe der Interaktionspädagogik).

Bildlich zusammengefaßt, läßt sich das in diesem Kapitel beschriebene folgendermaßen darstellen:

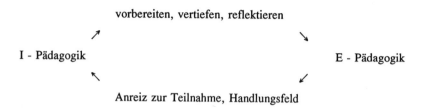

vorbereiten, vertiefen, reflektieren

I - Pädagogik                                    E - Pädagogik

Anreiz zur Teilnahme, Handlungsfeld

### 3.3. Zusammenfassung der wichtigsten Thesen des dritten Kapitels

* Erlebnispädagogische Maßnahmen in der Interaktionspädagogik erhöhen den Anreiz zur Beteiligung an Übungen.

* Erlebnispädagogik bietet ein realitätsnahes, wenn nicht sogar ein reales Handlungsfeld für die Interaktionspädagogik, wobei ein gewisser Schonraum, nämlich die Gruppensituation, gewährleistet bleibt, aber ein anderes Erleben durch die Risikosituation ermöglicht wird.

* Interaktionsspiele stellen ein wichtiges Instrument der Erlebnispädagogik dar, da sie Erfahrungen vorbereiten, vertiefen und reflektieren können.
Durch Interaktionsspiele
- können die in Extremsituationen gemachten Erfahrungen auf den Alltag generalisiert werden,
- können Geschehnisse im Gruppenzusammenhang herausgearbeitet werden,
- kann der Einzelne seine Reaktionsmuster in gefährlichen Situationen einschätzen lernen,
- kann die Vertrauenswürdigkeit einer Person überprüft werden,
- kann die Zusammenarbeit und Kooperation einer Gruppe gefördert werden,
- kann der Weg von Entscheidungsfindungen deutlich gemacht werden.

## 4. Resümee, Kritik, Schlußgedanken

Abschließend werde ich als Resümee ein Modell skizzieren, das den Zusammenhang zwischen den Stufen der Interaktionspädagogik und den Elementen der Erlebnispädagogik deutlich macht. Die Übergänge dieser Stufen sind fließend, die zugeordneten Elemente bzw. Stufeninhalte stellen nur die Schwerpunkte dar.

Bei dieser Systematisierung bekam ich das Gefühl, daß die Interaktionspädagogik dem Teilnehmer konkrete Handlungmuster zu liefern versucht, während die Erlebnispädagogik eher abstrakt auf eine Stärkung des Selbstwertgefühls und erst in der Folge damit verbunden dem Jugendlichen neue, aber nicht im speziellen (bzw. nicht so konkret) festgelegte Handlungserfahrungen ermöglicht, die er selbst ausfüllen kann.

### 1. Stufe:
Der Schwerpunkt der Betrachtung liegt bei beiden Feldern in der einzelnen Person.

Erlebnispädagogik:            körperliches Training

Interaktionsspiele:           Wahrnehmungsspiele; Spiele, die das Selbstver-
                              trauen stärken

Erläuterung:
Als erlebnispädagogisches Element wäre hier das körperliche Training zu nennen, das symbolisch für ein Erleben der eigenen Fähigkeiten steht. Der Teilnehmer erfährt seine (körperlichen) Grundfähigkeiten und Grenzen. Oft gelangt der Teilnehmer aber zu der Feststellung, daß er mehr in der Lage zu leisten ist, als er bisher gedacht hat, daß sich seine Grenzen verschieben. Im Laufe der erlebnispädagogischen Maßnahme erstreckt sich diese Feststellung aufgrund der anderen Aktivitäten nicht nur auf die rein körperliche Ebene, sondern auf die Gesamtpersönlichkeit des Jugendlichen. "Das Bewußtsein um die eigenen Grenzen trägt dann offenbar auch zu einer realistischen

Einschätzung einer sich verändernden Umwelt bei und verhilft zu der Einsicht, daß sich mit gesteigertem Können auch die eigenen Grenzen verschieben."[91]

In der Interaktionspädagogik finden hier Spiele Anwendung, die es dem Einzelnen ermöglichen, sowohl sein eigenes Wahrnehmungsverhalten, als auch seine sich selbst gesetzten Grenzen und Möglichkeiten zu überprüfen, zu reflektieren und gegebenenfalls zu erweitern. Es geht um das persönliche Erleben von Situationen. Typische in der Erlebnispädagogik verwendete Spiele dieser Stufe sind beispielsweise die Übungen im sogenannten "Seilgarten" wie das "Trapez". Bei dieser Übung steht der Teilnehmer auf einer ungefähr 8m hohen Plattform. Dabei wird er durch ein Sicherheitssystem mit Klettergurt, Seilen und Karabinern von einer anderen Person ähnlich wie beim Felsklettern gesichert. Aufgabe des Teilnehmers ist es, von dieser Plattform aus ein in gleicher Höhe angebrachtes Trapez per Sprung zu erreichen und sich an diesem festzuhalten. Den Abstand von Plattform zu Trapez kann der Teilnehmer selbst einstellen. Bei diesem Interaktionsspiel spielt die Überwindung der eigenen Angst, der selbstgesetzten Grenzen, aber auch das Vertrauen in die Sicherungsperson eine große Rolle. Der Teilnehmer wird aufgefordert, den für ihn persönlich maximalen Abstand zwischen Trapez und Plattform einzustellen. Ob er das Trapez letztendlich ergreifen kann, ist nicht wirklich wichtig. Wichtig ist seine Wahrnehmung der Situation und das eventuelle Überschreiten seiner sich bis dahin selbst gesetzten Grenzen. Da bei diesen Spielen aus Sicherheitsgründen ganz besimmte Aufbaukonstruktionen der Anlagen nötig sind, werde ich aufgrund mangelnder Kompetenz keine dieser Stufe im zweiten Teil des Buches anführen.

## 2. Stufe:

Diese Stufe beschäftigt sich vor allem mit dem zwischenmenschlichen Verhalten in einer Gruppe.

Erlebnispädagogik:       Expedition, Projekt

Interaktionsspiele:       Vertrauensspiele, Kommunikationsspiele,
Konzentrationsspiele

Erläuterung:

In der Erlebnispädagogik lassen sich die Expedition und das Projekt als Elemente dieser Stufe festmachen. In beiden Aktivitäten geht es um die Auseinandersetzung des Einzelnen mit anderen Gruppenmitgliedern, zum Beispiel bezüglich der Organisation einer ihnen (eventuell von sich selbst) gestellten Aufgabe. Bei einer Expedition durch die Berge oder beim Segeln eines Kutters müssen unzählige organisatorische Einzelheiten berücksichtigt werden, die sowohl über psychisches als auch physisches Wohlergehen einzelner Gruppenmitglieder entscheiden können. Ebenso ist es nötig, daß sich die einzelnen Persönlichkeiten miteinander arrangieren, daß man einander akzeptiert und respektiert.

Die Interaktionspädagogik stellt in dieser Stufe Spiele bereit, mit denen der Einzelne "gezwungen" wird, mit anderen Gruppenmitgliedern zu interagieren, sei es nun, um Vertrauen zu anderen Gruppenmitgliedern aufzubauen oder um zu lernen, wie man effektiv miteinander kommuniziert. Durch die Spiele können aber auch Voraussetzungen, Verlauf und Konsequenzen von Interaktionsgeschehen näher beleuchtet werden. In Teil II sind im ersten Kapitel einige dieser Stufe zuordnungsbaren Spiele aufgeführt, wie zum Beispiel der "Vertrauensfall", das "Pendel" oder "Blind". Während in der ersten Stufe die Aktion und Reaktion des Einzelnen im Vordergrund stand, liegt hier der Schwerpunkt der Betrachtung in der Interaktion der beteiligten Parteien, seien es nun Fallender und Fänger, Blinder oder Sehender.

38

## 3. Stufe:

Während die ersten beiden von Prior geschilderten Funktionsbereiche, meiner Meinung nach, mühelos auf die Stufen der Interaktionspädagogik übertragen und Spiele gefunden werden können, bereitet die Gegenüberstellung des vierten Funktionsbereiches des Sozialen Lernens (als emanzipative und politische Funktion) mit einer dritten Stufe der Interaktionspädagogik und ihrer Spiele gerade bezüglich der Anwendung in der Erlebnispädagogik Schwierigkeiten.

Das rührt zum einen wohl von dem Zusammenhang zwischen Politischem Lernen und Politischer Bildung her. Letztere wendet sich den, von der individuellen Erlebniswelt aus gesehen, ferneren Räumen zu; Räume, die nicht mehr situativ erfahrbar sind, sondern einer abstrakten, strukturellen Darstellung bedürfen.[92] Das bedeutet, daß unmittelbare Erfahrung im politischen Raum nur selten möglich ist. Dies steht jedoch im Widerspruch zur Erlebnispädagogik, die das direkt Erfahrene als ihr Hauptmedium ansieht.

Bedenken stellen sich ebenso ein, da der theoretische Teil (die für das Erlangen einer "soziologischen Phantasie" nötige Einführung in Erkenntnistechniken) der handlungsorientierten Erlebnispädagogik widerspricht. Doch das wäre wahrscheinlich nicht das eigentliche Problem. Auch in der Vorbereitung von Expeditionen wird beispielsweise kurz in die Theorie des Segelns eingeführt. Es bleibt also festzustellen, daß Soziales Lernen als Politisches Lernen in den von Prior vorgeschlagenen Bereichen anwendbar ist, in der Erlebnispädagogik aber nur mit Schwierigkeiten.

Das Hauptproblem liegt in der Auslegung des Begriffes "Politische Teilhabe bzw. Politisches Lernen":
Kurt Hahn sah als mündigen und verantwortungsvollen Bürger den Menschen an, der über die Tugenden der Zivilcourage, Gerechtigkeit und Solidarität verfügt. Nur wenn man diese Tugenden besitzt, kann man, seiner Meinung nach, verantwortungsvoll am politischen Geschehen teilhaben. So verfolgte er mit seinen Schulgründungen auch politische Absichten. Sie stellten Modelle für eine Reform des traditionellen staatlichen Bildungswesens dar, deren Absicht eine Charaktererziehung im Sinne einer

Erziehung zur Verantwortung durch Verantwortung war. Diese persönliche Verantwortung des Einzelnen (das "Erbarmen") sah Hahn durch Organisation, Verwaltung, Verkehrsregeln immer mehr verdrängt. In seinen Schulen sollte der Einzelne im sozialen Zusammenhang seine gesellschaftlich fruchtbar zu machenden Fähigkeiten entfalten können. Seiner Meinung nach trug er zur Förderung der Demokratie bei, indem er junge Menschen heranbildete, "die argumentieren können ohne sich zu zanken, sich zanken können, ohne sich zu verdächtigen, sich verdächtigen können, ohne sich zu verleumden"[93].

Zwar sah Hahn sowohl jung als auch alt von den im ersten Kapitel genannten Verfallserscheinungen betroffen, jedoch legte er sein Augenmerk vor allem auf die Jugendlichen, da seiner Meinung nach die Seele eines Dreißigjährigen bereits "hart wie Gips ist"[94] und sich somit nur noch schlecht formen läßt.

Er war also der Meinung, daß eine Charaktererziehung der Jugendlichen zu verantwortungsvollen und mündigen Bürgern eine Kompetenzerweiterung der Gesamtgesellschaft zur Folge hätte. Doch auch hier drängt sich die Frage nach der Transfermöglichkeit auf:

Die heutige Lebenswirklichkeit eines Jugendlichen ist meist von Zukunftsangst, Perspektivlosigkeit und dem Gefühl des Nicht-Gebraucht-Werdens geprägt. Statistisch betrachtet machen folgende Punkte den Mangel an Orientierungsmöglichkeiten deutlich:

"a. Jugendliche sind mit einem erheblichen Anteil an der Gesamtkriminalität beteiligt;

b. bei Jugendlichen wächst die Bereitschaft, Konflikte durch Gewaltanwendung zu lösen;

c. Jugendliche fangen früher an zu rauchen und zu trinken, und die Menge des konsumierten Nikotins und Alkohols nimmt ständig zu ...;

d. der Drogenkonsum und die Bereitschaft, Drogen zu nehmen, steigt ...;

e. der Psychatriebericht der Bundesregierung gibt den Anteil verhaltensgestörter Kinder und Jugendlicher mit etwa 20 - 30 Prozent des jeweiligen Jahrgangs an."[95]

f. "Jugendreligionen und Sekten erleben zunehmendes Interesse ..."

g. "... die Zahl der jugendlichen Selbstmörder steigt; die Zahl der jugendlichen Selbstmordversuche war noch nie so hoch wie gegenwärtig."[96]

Auf Grund dieser erschreckenden Tatsachen stellt sich mir die Frage, ob nicht eine Erziehung zur Verantwortung für sich selbst einer Erziehung zur Verantwortung dem Staat gegenüber, vorgezogen werden sollte. Denn nicht nur die in den Statistiken aufgeführten Belege eines Nicht-zurecht-Kommens mit der eigenen Lebenswirklichkeit, auch die Gesamtheit der typischen Lebensformen von Jugendlichen einschließlich ihrer Werteinstellungen, kurz unter dem Begriff "Kultur" zusammenfaßbar, spiegelt jene Orientierungslosigkeit wieder. Es ist eine Kultur, die sich in vielen Punkten von der der Erwachsenen unterscheidet und somit auch oft als Subkultur bezeichnet wird. Die Flucht in eine eigene Kultur läßt sich als eine Konsequenz der unzureichend gewordenen Gesellschafts- und Erziehungsstruktur erklären. Sie stellt eine Suche nach alternativen Lebensformen dar.[97] "Die Orientierung in altershomogenen Gruppen ersetzt Sozialisierungsdefizite von Familie, Schule und Ausbildung."[98] Die Jugendkultur symbolisiert, wie viele andere Subkulturen auch, die Auseinandersetzung mit den und die Antwort auf die herrschenden Lebensbedingungen. So wird die jugendliche Subkultur angesehen

"- als besondere Form von abweichendem Verhalten

- als Widerstandsbewegung, Absetzbewegung, jugendliche Selbstausbürgerung

- als Katalysator gesamtgesellschaftlicher Probleme

- als problemlösendes Angebot an Stellen, da die gesellschaftlichen Vorkehrungen und Einrichtungen (Schulsystem, Familie etc) nicht mehr einen hinreichenden Orientierungs- und Sozialisationsbeitrag in der modernen Welt zu leisten vermögen

- als 'Speerspitze des sozialen Wandels' (Clarke 22), also als gesellschaftsverändernde Potenz ..."[99]

Die politische Teilhabe Jugendlicher äußert sich größtenteils also kulturell und nur indirekt gesellschaftskritisch. Unzufriedenheit und Protest wird nicht mehr wie in den 60er Jahren in organisierten Demonstrationszügen mit Plakaten etc. deutlich gemacht, sondern in der Schaffung von eigenen Stilen bezüglich Konsum, Kleidung, Sprache, Umgangsformen, neuen sozialen Treffpunkten, usw.[100]; in der Schaffung einer eigenen Kultur auf der Suche nach Identität.

Ob Hahn bei seinen Überlegungen die Existenz einer jugendlichen Subkultur berücksichtigt hat, ist anzuzweifeln. Jedenfalls konnte ich diesbezüglich keine Hinweise in der Literatur finden. Vielleicht liegt das aber auch daran, daß sich die Idee einer "Jugendkultur" (dieser Begriff stammt von einem Zeitgenossen Hahns: Gustav Adolph Wyneken) erst zu Hahns Zeiten entwickelte.

Deswegen sind Kurt Hahns Konzepte aber in der Erziehung von Jugendlichen nicht wertlos geworden. Es gilt vielmehr den abstrakten Anspruchs Hahns nach politischer Teilhabe auf den konkreten und umfasserenden Begriff "kulturelle Auseinandersetzung und Teilhabe" auszuweiten. Gleiches ist auch bei dem vierten Funktionsbereich des Sozialen Lernens und somit bei der dritten Stufe der Interaktionspädagogik denkbar. Die dort gewonnene Handlungskompetenz wäre demnach nicht mehr nur als "politische Kompetenz" zu bezeichnen, sondern als "kulturelle Kompetenz", die die Fähigkeit der Auseinandersetzung des Jugendlichen mit seiner Lebenswirklichkeit bedeutet. Somit würde ein Transfer der gemachten Erfahrungen eine Deckung bzw. Anpassung neuer Erfahrungen in die alte Kulturwirklichkeit (in dem Sinne, daß neue Bedeutungen in alte Wertemuster übernommen werden) fordern.

Eine dritte Stufe, bei der es darum geht, daß das Gelernte in eine "Welt außerhalb der Gruppe" getragen wird, könnte meiner Meinung deshalb so aussehen:

Erlebnispädagogik:          Rettungsdienst

Interaktionsspiele:         Problemlösungsspiele, Rollenspiele,
                            Planspiele

Erläuterung:

Der Rettungsdienst, der durch die Professionalisierung von der Erlebnispädagogik heute im übertragenden Sinne (soziale Hilfeleistungen, wie Erste Hilfe, Arbeit mit Alten, Behinderten, Kindern, etc.) als erlebnispädagogische Aktivität verwendet wird, kann, meiner Meinung nach, als das dieser Stufe zugehörige Element der Erlebnispädagogik bezeichnet werden. Während sich die anderen Aktivitäten auf die eigene Person oder die Gruppe beziehen, findet der Rettungsdienst in der "Außenwelt" statt. Ich denke, daß diese sozialen Hilfeleistungen vor allem für Jugendliche eine wertvolle Erfahrung sein können, da sie ein Gefühl der Nützlichkeit der eigenen Existenz vermitteln.

Die Interaktionspädagogik könnte in diesem Bereich sehr komplexe Spiele anbieten, die auch wie schon im Kapitel "...und ihre Kategorisierung nach Komplexität" erwähnt, Problemlösungsspiele (oder Initiativspiele) genannt werden.
Ein Initiativspiel fördert die Gruppeninteraktion, da die Aufgaben von den Teilnehmern verlangen, kooperativ zu arbeiten und die physischen und geistigen Fähigkeiten eines einzelnen Gruppenmitgliedes zu "nützen". Ebenso muß die Gruppe aber auch mit den Handicaps der Teilnehmer zurechtkommen, sei es nun Gewicht, Kraft, Intelligenz, Behinderung oder ähnliches. Daher sind die ersten zwei Stufen der Interaktionspädagogik gute Vorübungen für diese relativ komplexe Spielform.
Während die vorhergegangenen Stufen auf das Erleben der Persönlichkeit des Einzelnen und auf die Beobachtung, Durchführung und Analyse von Interaktionen gerichtet sind, soll in dieser letzten Stufe durch die Interaktion aller Gruppenmitglieder ein ganz bestimmtes Ziel, welches nicht in der Gruppe begründet ist (wie zum Beispiel der Vertrauensaufbau oder die Förderung der Kommunikationsfähigkeit in den ersten

beiden Stufen), erreicht werden. Diese Stufe beschäftigt sich also schwerpunktmäßig nicht mehr mit der Persönlichkeit des Einzelnen, bzw. dessen Erleben in der Auseinandersetzung mit anderen (diese Grunderfahrungen werden in dieser Phase als vorhanden vorausgesetzt), sondern mit der Lösung einer vom Gruppenleiter präsentierten fiktiven, unlösbar erscheinenden Problemsituation, die von der gesamten Gruppe gelöst werden soll. Dabei können die einzelnen Gruppenteilnehmer in Zusammenarbeit mit anderen konkrete Bewältigungsstrategien im Umgang mit Problemen erlernen, deren Lösung das Ziel der ganzen Gruppe ist. Im zweiten Kapitel von Teil II sind zahlreiche Beschreibungen solcher Spiele aufgeführt, wie zum Beispiel "Das Rettungsboot", "Giftfluß" und "Säureteich".

Ich hoffe, daß in dieser Arbeit der "Wert" der Interaktionsspiele für die Erlebnispädagogik deutlich geworden ist. Eine Verknüpfung der beiden Pädagogikstränge wäre, meiner Meinung nach, eine sinnvolle Methode, Jugendlichen zu helfen, ein Gespür für die Probleme anderer zu entwickeln und in wechselseitiger Abhängigkeit voneinander eine Unabhängigkeit der eigenen Identität zu erlangen. Beide Ansätze wollen die soziale Funktionsfähigkeit des Jugendlichen steigern, damit er seinen persönlichen Problemen, dem Gruppenproblem oder den Problemen des alltäglichen Lebens besser gewachsen ist.

Vielleicht können deshalb mit ihrer Hilfe Impulse gesetzt werden, daß Jugendliche versuchen auf ihre eigene Kultur- bzw. Lebenswirklichkeit Einfluß zu nehmen und ihren Lebensraum nicht passiv als gegeben hinnehmen, sondern kreativ mitgestalten. Dies hängt, meiner Ansicht nach, wesentlich von ermutigenden Erfahrungen im Gruppenzusammenhang ab.

Es bleibt natürlich die Frage, ob man mit Hilfe dieses Zugangs die die Jugendprobleme verursachenden gesellschaftlichen Faktoren beeinflussen kann. Jedoch kann meiner Meinung nach eine Bewußtseinsveränderung von Angehörigen einer Sub- oder Teilkultur auch eine Bewußtseinsveränderung der Gesamtgesellschaft zur Folge haben, womit man wieder bei der politischen Teilhabe wäre, allerdings von einem anderen ganzheitlicheren Zugang aus.

## 5. Die Qualifikationen eines Erlebnispädagogen

In diesem Kapitel möchte ich letztendlich der Frage nachgehen: Wie sieht ein Anforderungsprofil, also das Idealbild an Fähigkeiten aus, durch die sich ein Erlebnispädagoge auszeichnen sollte?

Ich sehe den Erlebnispädagogen erstens als einen Architekten von Lernsituationen; von Situationen, die den Teilnehmern die Möglichkeit bieten, sich selbst und sich selbst als Gruppenmitglied zu erfahren, um bisherige Verhaltensweisen und Einstellungen überprüfen und gegebenenfalls verändern zu können;

zweitens als Person, die diese Erfahrungen mit den Teilnehmern aufarbeitet und reflektiert, um eine Übertragung ins Alltagsleben zu ermöglichen und drittens als den Verantwortlichen, der die Sicherheit der Teilnehmer gewährleistet.

Der Betreuer muß dabei viele verschiedene Rollen übernehmen, wie zum Beispiel die des Trainers, des guten Beispiels, der Autoritätsfigur, des Initiators, des Kumpels, des Beschützers usw.

Meiner Meinung nach kann man die Qualifikationen eines Erlebnispädagogen in drei Grundkathegorien gliedern:

1. bestimmte Persönlichkeitsmerkmale
2. die pädagogisch/psychologische Kompetenz
3. die (natur-)sportliche Kompetenz

Im folgenden werde ich auf diese drei Punkte näher eingehen, wobei die Erläuterungen keineswegs Anspruch auf Vollständigkeit haben. Ich möchte dabei noch einmal deutlich darauf hinweisen, daß hier ein Idealbild eines Erlebnispädagogen gezeichnet wird. Kaum ein Mensch wird alle diese Eigenschaften und Kompetenzen besitzen können.

Zu 1. bestimmte Persönlichkeitsmerkmale:

(a) Die erste Qualifikation, die ein Erlebnispädagoge besitzen sollte, ist gleichzeitig in der Umsetzung wahrscheinlich eine der problematischten: Meiner Meinung nach sollte es sein oberstes Ziel sein, *überflüssig zu werden*. Er arrangiert zwar die Situationen, gibt zu Anfang auch Hilfestellungen, zieht sich aber nach und nach aus dem Gruppengeschehen zurück. Damit ist er bei der Lösung bzw. Bewältigung der gestellten Aufgaben kaum mehr beteiligt. Grundsätzlich assistiert er nur den Teilnehmern bei ihren Erfahrungen. Diese Zurückhaltung fällt schwer. Manchmal ist es kaum mitanzusehen, wie kompliziert ein Kutter aufgetakelt wird, obwohl man es vor einer halben Stunde noch genau erklärt hat. Auch wie die Lebensmitteltonnen am sinnvollsten gepackt werden, sodaß man zur Essenszeit nicht jedesmal den gesamten Inhalt an Deck verstreuen muß, um an die begehrten Bohnen zu kommen, weiß der Betreuer aus Erfahrung. Doch weil die Teilnehmer diese Erfahrung noch nicht gemacht haben, sollte ihnen dazu die Gelegenheit gegeben werden. Die Teilnehmer lernen viel mehr durch eigenes Handeln als durch Belehrungen. Je öfter der Betreuer in das Gruppengeschehen eingreift (bzw. "hilft"), desto weniger lernen die Teilnehmer sich auf die einzelnen Kompetenzen ihrer Gruppenmitglieder zu verlassen, bzw. neue Fähigkeiten zu entwickeln. Daraus folgt, daß der Gruppenbetreuer manchmal nur dasitzt und beobachtet, um später das Handeln mit den Teilnehmern zu diskutieren und zu reflektieren. Dieses Verhalten kann für ihn die quälende Frage aufwerfen: "Wofür werde ich eigentlich bezahlt?" Die Antwort ist oben schon gegeben: Für ein überdachtes Auswählen von Lernsituationen, für genaues Beobachten der Interaktionen, für das Gewährenlassen der Teilnehmer, für das Erfahrungen machen lassen, für das Erfolge und Niederlagen erleben lassen, für das aus hautnahen Konsequenzen lernen lassen usw. Jedoch muß diese Haltung für die

Teilnehmer verständlich sein, sie müssen den Zweck und Nutzen verstehen, ansonsten wirkt ein solches Verhalten provokativ und faul.

Aus diesen Erläuterungen ist aber auch gleichzeitig zu schließen, daß der Erlebnispädagoge die Fähigkeit besitzen muß, von seiner *"Macht" als wahrscheinlich kompetenteste Person Anteile abgeben zu können.* Nicht er unterrichtet und erzieht die Teilnehmer, sondern die Teilnehmer erziehen sich gegenseitig.

(b) Der zweite Punkt bezüglich bestimmter Persönlichkeitsmerkmale, die ein Erlebnispädagoge aufweisen sollte, ist mit der gerade erwähnten Machtstellung eng verbunden. Selbstverständlich muß der Betreuer kompetent in der Sportart sein, die er als Medium der erlebnispädagogischen Maßnahme anbietet - darauf soll später noch eingegangen werden. Jedoch muß er *der Versuchung widerstehen, seine Kompetenz und sich selbst darstellen zu wollen.* Vielmehr sollte er den Teilnehmern verständlich machen können, daß es in einer erlebnispädagogischen Maßnahme am wenigsten darum geht, eine Sportart zu erlernen bzw. sein bisheriges Können weiter zu perfektionieren - dazu sind spezielle Kajak-, Segel-, Kletterkurse viel besser geeignet - , sondern, daß die Sportart nur als Medium benutzt wird. In diesem Zusammenhang muß daher die nötige Identifikation des Gruppenbetreuers mit erlebnispädagogischen Konzepten erwähnt werden.

(c) Als letztes wichtiges Persönlichkeitsmerkmal ist das *ökologische Bewußtsein* des Leiters zu nennen. Wie in Kapitel '1.1. Das Hahnsche Konzept' schon erwähnt, bezeichnet der Dienst am Nächsten wegen der zunehmenden Professionalisierung der traditionellen Rettungsdienste heute vielmehr soziale und ökologische Hilfen. Grund hierfür ist vor allem die weltweit fortschreitende Umweltzerstörung, aber auch das Argument, daß erlebnispädagogische Maßnahmen in der Regel in wilden und ursprünglichen Landschaften stattfinden und während dieser Kurse die Natur durch das Eindringen von Menschen stark belastet werden kann. Um beide Problematiken den Teilnehmern näherbringen zu können, muß der Gruppenleiter ein ökologisches Bewußtsein besitzen und übernimmt in diesem Zusammenhang die Rolle eines wichtigen Vorbildes. Überzogen gesagt: Was nützt es, den Teilnehmern zu predigen, keinen Müll liegenzulassen, was nützt das beste "Wegabschneiderprojekt" oder Konzepte wie die "Umweltbaustelle Hangschutz"[101], wenn der Gruppenleiter seine Kippen auf die Erde fallen läßt?

Zu 2. die pädagogisch/psychologische Kompetenz

(a) Ein Erlebnispädagoge muß ein Gefühl dafür entwickeln, welche *Aufgaben den Bedürfnissen seiner Gruppe bzw. der einzelnen Mitglieder am ehesten gerecht werden.* Er kann bei der Auswahl von Aktivitäten abhängig von seinen Zielen entweder

1. neue (Stadtkinder in der freien Natur) oder
2. kontrastreiche (Kurs von "Durchschnitts"jugendlichen mit Drogenabhängigen - Abbau von Vorurteilen) oder
3. gewohnte Situationen

verwenden.

Teilnehmer lernen am einfachsten aus Situationen, die nützlich für sie sind (vgl. 2b). Der größte und langandauernste Lerneffekt kann erreicht werden, wenn möglich viele Sinne (Hör-, Tast-, Geruchssinn usw.) eingesetzt werden. Dabei ist zu beachten, daß die Aufgaben für die Teilnehmer **herausfordernd**, aber machbar sind; daß das Ziel jeder Aufgabe **ein Lernaspekt** ist, somit also versucht wird eine Lernsituation zu schaffen; und letztendlich, daß die **Situation auf das Individuum bzw. die Gruppe abgestimmt** ist.

(b) *Bestimmte Grundprinzipien* müssen in *der Anleitung* der Teilnehmer berücksichtigt werden:

**Einführung** (vgl. 2b): Die Teilnehmer müssen für das Thema/die Aufgabe aufgeschlossen werden. Der Betreuer muß ihre Aufmerksamkeit erlangen und sie von dem Nutzen der Aufgabe überzeugen können.

**Präsentation:** Die Präsentation der Aufgabe sollte in einer logischen Lernsequenz aufbauend auf bestehendem Wissen und Erfahrung geschehen. Der Betreuer muß

- klar und deutlich sprechen
- wichtige Punkte betonen
- Blickkontakt mit der Gruppe halten
- Gesten und Hilfsmittel zur Erläuterung benutzen
- periodisch überprüfen, ob das Gesagte verstanden worden ist.

**Praxis:** Die Teilnehmer sollen durch Handeln lernen. Der Leiter sollte ihnen daher die Möglichkeit geben das Gelernte praktisch anzuwenden. Die Gruppenmitglieder sollen sich gegenseitig unterstützen und assistieren.

(b) *Der Gruppenleiter muß wissen, wie man Menschen für etwas motivieren kann* und selbstverständlich auch fähig sein, dieses Wissen umzusetzen. Um das Interesse und die Bereitschaft eines Jugendlichen oder einer Gruppe für eine Aktivität zu wecken, muß der Sinn einer Aufgabe klar sein. Darum ist es vorallem wichtig, daß der Erlebnispädagoge weiß, warum er der Gruppe diese oder jene Aufgabe stellt. Obwohl ein erlebnispädagogischer Kurs unter anderem von Streßsituationene lebt, geht es in keinem Fall darum, Jugendliche wahllos in Grenzsituationen zu stoßen und zu erwarten, daß sie mit diesen zurechtkommen. Streß, hervorgerufen durch noch nie gemachte Erfahrungen, durch unmöglich lösbar erscheinende Aufgaben durch Gruppendruck usw. muß für den Teilnehmer nachvollziehbar bleiben und mit Vorsicht eingesetzt werden. Er muß so eingesetzt werden, daß die sich daraus ergebende Anspannung zu einer kreativen und nicht lähmenden Kraft wird.

In Anlehnung an das PITT-Modell (welches die Phasen eines Lernprozesses zu definieren versucht) muß der Teilnehmer für ein Thema aufgeschlossen und motiviert werden. Er muß erkennen, daß es um Inhalte und Probleme geht, die ihn berühren, die ihm nützen und die er auch konkret in seinem Alltag verwenden kann (Problematisierungsphase). Die Motivation eines Teilnehmers ist weiterhin abhängig von folgenden Punkten: Erstens von seiner körperlichen Verfassung. Zweitens davon, ob er eine Beziehung zwischen der Aktivität und einer Sache sieht, die er will (er beteiligt sich an der Essensplanung, weil er Vegetarier ist und eine Alternativkost zusammenstellen will) oder ob er eine Beziehung zwischen der Aktivität und etwas, was er vermeiden will, sieht (er baut das Zelt auf, weil nicht naß werden will). Drittens spielt bei der Motivation die Erwartung eines Erfolges eine Rolle (er will nicht klettern, weil er der Meinung ist, daß er es nicht schafft). Letztendlich und als vierter Punkt ist es für die Motivation entscheidend, in wieweit der Einzelne an der Entscheidung und Zielsetzung beteiligt war.

Der Erlebnispädagoge muß unter der Berücksichtigung dieser Punkte sein "Produkt verkaufen" können.

(c) Im Punkt 2.a. wurde bereits auf die erste Phase des PITT Modells - die **Problematisierungsphase** - näher eingegangen.

Die zweite Stufe, die als **Informationsphase** bezeichnet werden kann, nimmt in der Erlebnispädagogik einen relativ geringen Raum ein, da weniger durch Information gelernt werden soll, als viel mehr durch eigenes Handeln. Das bedeutet, daß der Betreuer nur die wirklich notwendigen Angaben zum Beispiel bezüglich der Sicherheitsvorkehrungen gibt. Da es erwiesen ist, daß ein dauerhaftes Behalten von Lernvorgängen kaum ohne Übung möglich ist, fordert das PITT Modell als dritte Phase eine **Trainingsphase** denn: je länger, intensiver und häufiger wir eine Erfahrung machen, desto mehr Gedächtnismoleküle werden gebildet und umso größer ist die Wahrscheinlichkeit, daß Informationen ins Langzeitgedächtnis gelangen und lebenslang behalten werden. Ausgenommen sind die Erfahrungen, die verbunden mit besonders starken Emotionen, sofort im Langzeitgedächtnis abgespeichert werden. Und die Erlebnispädagogik erhebt ja gerade den Anspruch eine Vielzahl außergewöhnlicher Erfahrungen zu ermöglichen; jedoch müssen die Basisvoraussetzungen dafür erst geschaffen werden. Dazu eignen sich hervorragend Spiele, auf die bereits in den vorangegangenen Kapitel ausführlich eingegangen wurde und die in Teil II dieses Buches noch einzeln beschrieben werden sollen. Mit ihnen kann auf bevorstehende Aktivitäten vorbereitet werden, Erlebnisse können vertieft und Erfahrungen aufgearbeitet werden.

Die letzte Phase (**Transferphase**) versucht eine Umsetzung der Erfahrungen in das Alltagsleben zu erleichtern. Diese Phase muß in der Erlebnispädagogik, meiner Meinung nach, besondere Aufmerksamkeit erlangen, da sich an diesem Punkt die Kritiker nur allzu gerne reiben (vgl. Teil I, Kapitel 1.3. Transferproblematik der Erlebnispädagogik). Ideal wäre selbstverständlich eine Nachbetreuung der Teilnehmer nach einer erlebnispädagogischen Maßnahme, wo das nicht möglich ist, muß eine optimale Arbeit (durch Nachbesprechungen) während der Maßnahme selbst erfolgen.

(d) Bezüglich der Aufarbeitungen bzw. Nachbesprechungen der gemachten Erfahrungen möchte ich noch einige Anmerkungen machen, da ohne sie eine Übertragung der Extremsituation in das Alltagsleben erschwert wäre. Es ist manchmal sehr schwierig, den richtigen Zeitpunkt für Aufarbeitungen zu finden. Nicht immer ist es dem Betreuer klar, ob er in ein Gruppengeschehen eingreifen oder ob er bis zum Ende der Aktivität mit einer Besprechung warten soll. Dieses Feingefühl ist nur mit Hilfe eigener Erfahrungen erreichbar. Grundsätzlich habe ich in meiner praktischen Arbeit festgestellt: Wenn man das Gefühl hat, daß die Situation außer Kontrolle gerät, sollte man die Aktivität sofort unterbrechen und darüber eine Diskussion anregen ("Habt Ihr ein Problem, was ist es, woran liegt es und wie könntet ihr es effektiv lösen?").

Eine wichtige Qualifikation des Erlebnispädagogen, die vor allem in den Nachbesprechungen gefragt ist, ist die *Fähigkeit des Zuhörens,* da er nicht nur daran interessiert sein sollte, den Teilnehmern Erfahrungen zu ermöglichen, sondern auch daran, ihnen zu helfen, aus ihren Erlebnissen Schlüsse für ihr weiteres Leben zu ziehen. Oft sind die Botschaften der Gruppenmitglieder hinter der Presentation eines aktuellen Problems versteckt. Mit ihr wird die Akzeptanz des aktuellen Problems wird Raum geschaffen, um tiefere Gefühle und Gedanken auszusprechen.

(e) Auch muß der Erlebnispädagoge *ein Gefühl für Signale bezüglich gruppendynamischer, aber auch individueller Prozesse* entwickeln, unter anderem auch deswegen, da er bei manchen Aktivitäten mit der Gruppe nicht zusammen ist. Für ihn stellt sich in der Nachbesprechung einzelner Aktivitäten die Aufgabe, anhand von Reaktionen, Antworten und Verhaltensweisen einzelner, aber auch der Gruppe insgesamt, ablesen zu können, welche Probleme bei der zu besprechenden Aktivität auftraten.

Ein Muster von Entwicklung, das in fast allen Gruppen auftritt, mag dem Betreuer in der Einschätzung der Reife und der eventuell auftretenden Probleme seiner Gruppe weiterhelfen.

1. Wer bist Du?

Zu Beginn einer neuen Gruppe bleiben die meisten Teilnehmer in ihrer typischen Stereotype. Die Unterhaltung beschränkt sich auf den höflichen "smalltalk", um Selbstdarstellungen und Konflikte zu vermeiden. Es ist die Stufe, in der die Leute versuchen, ein Gefühl füreinander zu entwickeln. In dieser Phase verlassen sich die Teilnehmer auf den Betreuer als Orientierungshilfe.

2. Wer sind wir?

In dieser Stufe ist das Zusammmengehörigkeitsgefühl noch immer niedrig. Cliquen und Untergruppen können sich entwickeln, um die Spannung, mit anderen teilen zu können. Einige Gruppenmitglieder werden um die Führung der Gruppe kämpfen. Es ist wahrscheinlich die Zeit der größten Konflikte. Der Betreuer sollte ein Auge auf die Schwächeren und weniger Geschickten der Gruppe haben, da diese nicht selten als Sündenböcke für den Frust der anderen Mitglieder herhalten müssen.

## 3. Wer bin ich?

Dies ist die konstruktivste und kooperativste Periode der Gruppenentwicklung. Die Führung der Gruppe ist oft untereinander den Kompetenzen der einzelnen Mitglieder entsprechend aufgeteilt. Die Teilnehmer sind mehr bereit einander zuzuhören. Je mehr Teilnehmer an Vertrauen gewinnen, desto mehr öffnen sie sich und sind bereit andere zu akzeptieren.

## 4. Das sind wir!

In dieser Stufe entwickelt sich die Gruppe durch gegenseitige Akzeptanz zu einer Einheit, die auf gemeinsam erlebten Abenteuern und wirklicher Freundschaft basiert. Es können selbstverständlich immer noch Konflikte auftreten, nur liegt es jetzt im gemeinsamen Interesse der Gruppe diese zu lösen.

## 5. Wohin jetzt?

In den meisten erlebnispädagogischen Maßnahmen ist die Auflösung der Gruppe nach Kursende unvermeidbar. Das bevorstehende Ende der Gruppe muß diskutiert werden, wobei der Schlüsselpunkt in der Einsicht liegt, daß die Auflösung der Gruppe eher ein Symbol des Wachsens als des Verlustes ist.

Dieses Schema stellt nur eine grobe Orientierung dar. Nie wird ein Kurs mit demselben Programm genauso ablaufen, wie der vorhergegangene (eine Tatsache, die die Arbeit interessant macht); das liegt logischerweise an der Individualität der einzelnen Gruppenmitglieder.

(f) Damit bin ich auch schon bei Punkt (f). Als Gruppenbetreuer kann man die tollsten Programme für eine Gruppe zusammenstellen, es kommt meistens anders als man denkt. Ein Erlebnispädagoge muß *ein hohes Maß an Flexibilität* besitzen. Nicht selten scheitern Programme aufgrund falscher Zeitplanung, wobei zuviel Zeit einfacher zu füllen ist als verlorene Zeit aufzuholen (ersteres ist auch nur sehr selten der Fall); viel öfter jedoch scheitern längerfristige Programme (=De-

tailplanungen für länger als einen Tag) daran, daß sich die Gruppe anders ent-
wikkelt als man vermutet hat und somit manche Aktivitäten/Spiele überflüssig,
während Aufarbeitungen/Nachbesprechungen notwendig werden.

Der Betreuer tut daher gut daran, sich ein möglich *großes Repertoire an Übungen und Spielen* anzueignen, um in gegebenen Situationen möglichst schnell und
spontan Ausweichmöglichkeiten zu haben.

Grundsätzlich wird es von Vorteil sein, einige warming up-, Kommunikations-,
und Interaktionsübungen zu kennen, da sich mit ihrer Hilfe der in Punkt (e)
beschriebene Gruppenprozeß unterstützen und beeinflussen läßt.

(g) Um die bereits angesprochenen Kompetenzen in einem erlebnispädagogischen
Kurs oder einer Maßnahme anwenden zu können, muß der Gruppenbetreuer über
ein Mindestmaß an *Wissen über die Besonderheiten seiner Zielgruppe* haben,
muß sich ungefähr im klaren darüber sein, was seine Gruppe ohne Sicherheitsrisiko meistern kann und was nicht. Es ist unbestreitbar, daß ein Kurs mit
Jugendlichen aus einem Jugendzentrum anders gestaltet und organisiert sein muß,
als eine Maßnahme mit straffälligen, behinderten usw. Jugendlichen. Zu dem
Wissen über die Zielgruppe gehören abhängig von dieser unter anderem sozial-
medizinische Kenntnisse, Kenntnisse über bestimmte gesetzliche Bestimmungen
(wie zum Beispiel die der Aufsichtspflicht) usw dazu. Der Erlebnispädagoge muß
sich daher vor Beginn der Maßnahme unbedingt darüber informieren, mit was für
Teilnehmern er es zu tun haben wird.

Zu 3. die (natur-)sportliche Kompetenz

(a) Die naheliegenste Kompetenz eines Erlebnispädagogen in diesem Bereich liegt in
der *Beherrschung der Sportart,* die er bei seiner Maßnahme verwenden will.
Beherrscht er sie nicht, so muß er aus sicherheitstechnischen Erwägungen einen
Fachmann hinzuziehen. Aus pädagogischer Sicht kann dies natürlich Nachteile in
sich bergen. Zum einen stellt eine zweite Person auch einen zusätzlichen Störfak-
tor dar, zum anderen arbeitet eventuell ein "Unpädagogischer" mit der Gruppe

und zum dritten können auch Schwierigkeiten in der Aufteilung der Kompetenzen bezüglich der Verantwortung auftreten. Wichtigster Gesichtspunkt sollte aber bei diesen Überlegungen immer die Sicherheit der Gruppe sein. Die Outward Bound Schule in Baad scheint mir ein gutes Beispiel dafür zu sein, daß eine Zusammenarbeit zwischen Bergführer und Sozialpädagogen ohne Kursbeeinträchtigung funktionieren kann.

(b) Als zweite "sportliche" Kompetenz ist ein hohes Maß an *Sicherheitsorientierung* des Betreuers zu benennen, sowie das *Wissen um gewisse Sicherheitsstandards*. Erlebnispädagogische Maßnahme wollen unter anderem den Abenteuergeist wecken und viele Aktivitäten scheinen gefährlich, weil das kalkulierte Risiko Bestandteil des Konzeptes ist. Der Verantwortung des Betreuers für die Sicherheit der Teilnehmer muß ständige Aufmerksamkeit gewidmet werden. Es ist selbstverständlich, daß die letztendliche Verantwortung im Falle von Gefahr beim Gruppenleiter liegt, unabhängig davon, wieviel er während des Kurses an die Teilnehmer abtritt. Besondere Aufmerksamkeit muß dabei der Gefahr von Überanstrengung gewidmet werden, besonders dann, wenn Teilnehmer nicht wirklich fit sind und zum Beispiel an einer Infektion leiden. Ebenso muß darauf geachtet werden, daß die gestellten Aufgaben die Fähigkeiten der Teilnehmer nicht übersteigen. Das benützte Material, wie zum Beispiel Boote, Kajaks, Kletterausrüstung usw. muß auf höchstem Standard in Stand gehalten und vor jeder Expedition überprüft werden.

Jedoch liegt die beste Sicherheit nicht in der Vermeidung von Gefahren, sondern vielmehr im Lernen des Umgangs mit Gefahren. Während einer Maßnahme sollten die Teilnehmer daher Rettungstechniken, wie zum Beispiel 1. Hilfe erlernen.

Auch die Kenntnis der Sicherheitsstandards ist für den Erlebnispädagogen unabdingbar. Viele erlebnispädagogische Organisationen bzw. Schulen haben zusätzlich zu den gesetzlichen ihre eigenen Sicherheitsvorschriften und schulen ihre Mitarbeiter darin. Die neuseeländische Outward Bound Schule schreibt beispielsweise für Buschexpeditionen vor:

(a) Eine Expeditionsgruppe muß mindestens vier Leute umfassen.

(b) Eine Gruppe darf sich niemals trennen, es sei denn in Notfällen.

(c) Buschrouten müssen immer den Faktor Zeit im Falle von Notfällen eingeplant haben.

(d) Keine Expedition darf begonnen werden, ohne vorher Flußüberquerungen geübt zu haben usw.

Diese Liste umfaßt im Mitarbeiterhandbuch der Schule noch zahlreiche andere Punkte, die ein Gruppenleiter beachten sollte, jedoch würde eine weitere Aufzählung den Rahmen dieses Kapitels sprengen.

(c) Der letzte Punkt, den ich in dem Zusammenhang "sportliche Kompetenz" erwähnen möchte, erklärt sich von selbst. Zweifelsohne muß der Betreuer mit den *Erste Hilfe Maßnahmen* vertraut sein und diese auch anwenden können.

Mit diesem Punkt schließe ich die Aufzählung der verschiedenen Kompetenzen, die ein Erlebnispädagoge im Idealfall vereinen sollte, ab. Zu betonen bleibt letztendlich die Notwendigkeit der Verknüpfung aller Kompetenzbereiche mit einem erlebnispädagogischen Konzept. Grundgedanken, welche Elemente eine erlebnispädagogische Maßnahme in sich vereinen sollte, sind ausführlich im ersten Teil, Kapitel 1 dargestellt worden.

# Teil II

Interaktionsspiele: erlebt, beschrieben und bewertet

# 1. Grundregeln der Spielanleitung

Dieser Teil des Buches soll dem Betreuer einer erlebnispädagogischen Maßnahme eine Sammlung an Interaktionsspielen an die Hand gegeben, mit deren Hilfe er Gruppenprozesse initiieren, unterstützen und hinterfragen kann.

Die Spiele sind flexibel: flexibel in der Methode, im Programm und in den Zielen. Bestimmte Ziele können durch den kontrollierten Gebrauch von speziellen Spielen erreicht werden. Spiele können Probleme klären, Probleme wie zum Beispiel im zwischenmenschlichem Bereich. Sie können die Zusammenarbeit innerhalb einer Gruppe fördern; sie können, indem sie Vertrauen verlangen, den einzelnen Teilnehmern helfen, ein Gespür für die Probleme anderer zu entwickeln und sie können wechselseitige Abhängigkeit, zur gleichen Zeit aber auch die Unabhängigkeit der persönlichen Identität fördern.

Zuerst möchte ich auf einige Grundregeln bei der Anwendung dieser Spiele hinweisen.

Vorinformation:
Ein Gruppenbetreuer sollte aus pädagogischer Sicht Interaktionsspiele nicht einfach naiv spielen, sondern von der Diagnose der Gruppensituation her entscheiden, welches Spiel bzw. welche Übung zu welchem Problem in welcher Variante hilfreich sein könnte[102]. Auch sollte er nicht mehr als drei Spiele hintereinanderspielen. Viele von ihnen sind relativ anstrengend und zeitaufwendig. Er muß sich der Reihe nach folgende Fragen stellen:

1. Welches Ziel will ich erreichen?
2. Ist die Durchführung für meine Gruppe passend?

Zur Beantwortung der beiden Fragen muß der Gruppenleiter die **Gruppensituation analysieren.** Bei der Auswahl einer Übung sollte man sicher sein, daß sie dem Niveau der Gruppe entspricht. Es müssen auf alle Fälle die Sicherheit der Teilnehmer, deren Alter, deren körperliche Verfassung, die Größe der Gruppe und das Wetter berücksichtigt werden. Der Gruppenleiter sollte der Gruppe die Möglichkeit eines Erfolges geben. Er kann ein Interaktionsspiel nämlich auch dazu benützen, seine Gruppe nach einer mißlungenen Aktivität wieder moralisch "aufzubauen".

Sobald er sich für ein bestimmtes Spiel entschieden hat, ist es für das Gelingen des Spieles wichtig, wie er es der Gruppe "verkauft" (**Einführung des Interaktionsspieles**). Manche Spielesammlungen schildern eine erprobte Einführung, die unerfahrene Gruppenleiter bei der Wortfindung unterstützen sollen, ich jedoch denke, daß die Einführungen wegen der Verschiedenheit jeder Gruppe auch von Gruppe zu Gruppe verschieden sein müssen und es im Ermessen des Betreuers liegt, wie er das jeweilige Spiel einführt. Zu beachten ist auf alle Fälle, daß das Spiel plastisch, klar und überzeugend präsentiert wird. Sind die Instruktionen einmal abgeschlossen, bzw. vom Gruppenleiter als ausreichend erachtet worden, sollten keine weiteren Erklärungen gegeben werden, um nicht wichtige Experimente und damit Selbsterfahrungen der Teilnehmer zu unterbinden. Auch kann der Betreuer den experimentiellen Charakter des Spiels betonen und damit einem, die Spontanität verhinderndem, Perfektionismus seitens der Teilnehmer vorbeugen. Ebenso ist ein klarer Führungsstil wichtig. Man kann Teilnehmer nur dann fragen, ob sie ein vorgeschlagenes Spiel ausprobieren wollen, wenn man der Meinung ist, daß die Gruppe eine so schwierige Aufgabe wie die gemeinsame Beschlußfassung überhaupt lösen kann. Andernfalls ist es sinnvoller ein Spiel vorzuschlagen ohne die Teilnehmer ausdrücklich danach zu fragen, ob sie es spielen wollen oder nicht. Auf alle Fälle muß der Gruppenleiter die freiwillige Teilnahme an einem Spiel betonen. Ich stimme mit K. Vopel nicht überein, daß man den Teilnehmern vor Beginn des Spieles die Gründe bzw. Ziele, die man mit diesem Spiel verfolgt, vorher erläutern sollte. Ich denke, daß durch diese Erklärung der Aktionsspielraum während des Spiels eingeengt wird, da die Gefahr besteht, daß die Teilnehmer anstatt spontan, versuchen der Erwartung entsprechend zu handeln (man verhält sich nach einem bestimmten Gesichtspunkt, da man weiß, was von einem erwartet wird). Ich meine es wäre sinnvoller, den Teilnehmer nach einem Spiel die Frage zu stellen, was man mit diesem Spiel lernen konnte bzw. warum es gespielt wurde.

Der nächste Schritt ist die **Experimentierphase**. In dieser Phase gehen die Teilnehmer an die Ausführung der Aktivität, wobei es die Hauptaufgabe des Betreuers ist, auf die Einhaltung der Regeln zu achten. In der Regel sollte sich der Gruppenleiter nicht am Spiel beteiligen, da auf der einen Seite die Gruppe von ihm unabhängiger werden kann, auf der anderen Seite er das Geschehen besser beobachten kann.

Die meiner Meinung nach wichtigste Phase in der Arbeit mit Interaktionsspielen ist die **Auswertung**. Ohne eine gründliche Auswertung ist ein Spiel zwar nicht völlig wertlos, die Chance zur kognitiven Verarbeitung des eigenen Verhaltens mit Hilfe einer Reflexion aus der Distanz - "und damit aber auch das Interesse an der Rationalität der Interaktion"[103] - wird aber nicht genützt. Den Teilnehmern sollte die Möglichkeit gegeben werden, über ihre Erfahrungen nachzudenken (wobei ihnen spezielle Fragen oder Übungen vorgeschlagen werden können) und ihre Erfahrungen anderen Gruppenmitgliedern mitteilen zu können. Auch ist es für den Lernerfolg wichtig, daß der Teilnehmer seine Erfahrungen versteht, damit er sie als Anregung für sein Verhalten im alltäglichen Leben verwenden kann.

Basisstrategien:

(a) Abwarten

Teile der Gruppe mit, daß Du nicht bereit bist um Ruhe bzw. ihre Aufmerksamkeit zu kämpfen; daß Du immer dann, wenn die Gruppe zusammenkommt, solange warten wirst, bis sie bereit sind zuzuhören. Erzähle ihnen, daß man dieses Spiel "Abwarten" nennt, und daß nicht Du, sondern sie selber die Verantwortung für die Aufmerksamkeit tragen.

Das Warten des Gruppenleiters darf nicht resigniert oder märtyrerisch wirken. Alle Fragen und Unterbrechungen sollten ignoriert werden. Man sollte sich keine Sorgen über die Zeit machen, die man mit dieser Übung verliert. Wenn man von

Anfang auf ihr an beharrt, wird man sich später viel Zeit und Anstrengung ersparen können.

Man muß dabei bedenken, daß die Gruppe und nicht der Betreuer die volle Verantwortung für ihr Verhalten übernimmt.

(b) Der Kreis und die Runde

Das Sitzen im Kreis ist besser als das Sitzen in einer Reihe oder einer wahllose Anordnung von Stühlen. Es beeinflußt die Gruppendynamik. In einem Kreis hat jede Person den gleichen Status, jeder kann jeden sehen, Blickkontakt ist möglich.

Der Kreis muß als sicherer Platz verstanden und erfahren werden, als ein Platz an dem jeder über seine Ansichten oder Gefühle frei sprechen kann ohne ausgelacht zu werden.

Von einer Runde spricht man dann, wenn jede Person im Kreis ein Statement abgibt, indem sie einen der folgenden Satzanfänge beendet:

Ich habe entdeckt ... (zum Beispiel bei neuen Erfahrungen)

Ich habe festgestellt ...

Ich wünsche mir ...

Ich habe gelernt ...

Ich ärgere mich über ...

Ich weiß zu schätzen ...

Wenn eine Runde stattfindet, muß jeder, der nicht gerade das Wort hat, ohne Kommentar ruhig zuhören. Wenn ein Statement eine Diskussion erfordert, sollte diese bis zum Ende der Runde warten.

(c) Vertrauen

Vertrauen ist ein wichtiges und wirksames Erziehungswerkzeug. Es ist der Schlüssel für persönliche Beteiligung. Wenn die Teilnehmer soviel Selbstsicherheit erlangt haben, daß sie sagen können: "Ich möchte es gerne versuchen" anstatt "Das mache ich auf keinen Fall!" ist ein Grund dafür die Entwicklung von

Vertrauen. Vertrauen, daß er weiß, er muß es nicht machen; daß die Vorsichts-
maßnahmen und Sicherheitsvorkehrungen zuverlässig sind; daß der Gruppenbetreuer keine Schwierigkeiten verschweigt, sondern die Aufgabe ehrlich präsentiert; daß, wenn er etwas ausprobiert und dabei versagt, die Gruppe ihn unterstützen wird; daß er nicht ausgelacht wird; daß seine Ideen und Kommentare ohne
lächerlich gemacht zu werden berücksichtigt werden, usw.

Selten wird eine Person eine Sache ausprobieren, wenn sie das Gefühl hat, daß
die Gruppe nicht hinter ihr und das Risiko in keinem Verhältnis zu der Sache
steht. Eine Gruppe dagegen die bereits positive Erlebnisse gemacht und Erfolg
gehabt hat, wird erfahren können, daß Vertrauen gleichzeitig mit Selbstsicherheit
wächst. In der Erlebnispädagogik kann Vertrauen nur mit Geduld, Rücksichtnahme und Behutsamkeit über längere Zeit erreicht werden, kann aber auch
innerhalb einer Sekunde durch Nachlässigkeit und unüberlegtem Verhalten zer-
stört werden.

Im folgenden Teil des Buches ist eine große Anzahl von vertrauensbildenden
Übungen zu finden.

(d) Krisen

Was für Probleme oder Bedenken man auch immer mit einer Gruppe hat, es sind
nicht Deine Probleme, es sind die Probleme der Gruppe. Versuche nicht diese
Krisen nachts zuhause im Bett oder bei Mitarbeiterbesprechungen zu lösen.
Erzähle der Gruppe von dem Problem und frage sie nach Ideen oder Gefühlen
diesbezüglich. Vertraue darauf, daß auch eine kleine homogene Gruppe Jugendlicher die Fähigkeit besitzt wie Erwachsene schwierige physische und mentale
Probleme zu lösen und daß sie mehr durch die Präsentation von Problemen
(eventuell in der Form von Initiativspielen oder von Nachbesprechungsübungen,
aber auch in realen Situationen) lernt als durch die Darstellung von Methoden und
Lösungen.

## 2. Übersicht der Spiele

Die spielbeschreibenden Zeichnungen "Effektive Arbeit", "Straßenkarte" und "Gruppenmoraldiagramm" wurden von der Verfasserin, alle anderen graphischen Darstellungen von Wolfgang Schmieder, Am Vogelherd 7, 8035 Gauting, angefertigt.

### 2.1. Interaktionsspiele der zweiten Stufe

## 2.2. Interaktionsspiele der dritten Stufe

## 2.3. Nachbesprechungsspiele

## 2.1. Interaktionsspiele der zweiten Stufe

# RAUSLASSEN

ZIEL:                    Abbauen von Berührungsängsten; warming up

TEILNEHMER:              8 - 10

ALTER:                   ab 14 Jahre

MATERIAL:

BESCHREIBUNG:            Die Teilnehmer bilden einen Kreis und legen die Arme über die Schultern ihrer Nachbarn. Eine Person steht in dem Kreis. Ihre Aufgabe ist es, den Kreis zu verlassen; die Aufgabe der Gruppe ist es, dies zu verhindern.

VARIATIONEN:             (1) Eine Person versucht von außen in den Kreis einzudringen.
                         (2) Eine Person versucht einzudringen, während eine andere versucht auszubrechen.

ERFAHRUNGEN:             Dieses Spiel eignet sich durch den direkten körperlichen Kontakt gut, Berührungsängste abzubauen. Es ist auch wegen der Unkompliziertheit der Regeln als Anfangsspiel geeignet.

# EINGEHÄNGT

Fortsetzung nächste Seite

ZIEL:                    Abbau von Berührungsängsten; warming up

TEILNEHMER:              6 - 10

ALTER:                   ab 14 Jahre

MATERIAL:                -

BESCHREIBUNG:            Die Gruppe teilt sich in Paare auf. Die Partner setzen
                         sich Rücken an Rücken auf den Boden (das Gesäß
                         muß den Boden berühren) und versuchen wieder
                         aufzustehen. Nachdem alle Paare diese Übung ge-
                         schafft haben, bilden sich Vierergruppen und versu-
                         chen gemeinsam aufzustehen. Zum Schluß versucht es
                         die ganze Gruppe zusammen. Die Gesäße sollten zum
                         gleichen Zeitpunkt den Boden verlassen.

VARIATIONEN:             Die Paare setzen sich gegenüber auf den Boden, wo-
                         bei sich ihre Füße berühren und die Kniee gebeugt
                         sind. Dann fassen sie sich an den Händen. Nun bittet
                         der Spielleiter die Partner, sich gegenseitig hochzuzie-
                         hen. Der weitere Verlauf geschieht wie in der obigen
                         Spielbeschreibung.

Fortsetzung nächste Seite

ERFAHRUNGEN:     Der Spielleiter sollte bei der ursprünglichen Spielbeschreibung den Teilnehmern nicht erlauben, ihre Arme
gegenseitig einzuhängen, wie es bei den Turnübungen
im Sportunterricht der Fall ist. Dies könnte Verletzungen (ausgekugelte Schulter) zur Folge haben.

Dieses Spiel, das mit einer Partnerübung startet, wird
im weiteren Verlauf zu einer herausfordernden Grup-
penübung. Je größer die Gruppe ist, desto schwieriger
wird es, gemeinsam aufzustehen. Der Spielleiter sollte
daher mit dem Ergebnis nicht allzu kritisch sein, sondern das Bemühen um eine richtige Ausführung respektieren.

**SPIRALE**

ZIEL: warming up, Abbau von Berührungsängsten

TEILNEHMER: mindestens 10

ALTER: ab 10 Jahre

MATERIAL:

BESCHREIBUNG: Die Teilnehmer nehmen sich an den Händen und stellen sich im Kreis auf. An einer Stelle wird wird die Hand losgelassen und ein Teilnehmer führt die Gruppe, so daß eine Spirale anstelle des Kreises entsteht und das letzte Gruppenmitglied in der Mitte steht.

Dann wird die Spirale wieder aufgelöst, indem der Letzte durch die Beine der anderen Teilnehmer kriecht und die ganze Gruppe anführt.

VARIATIONEN: -

ERFAHRUNGEN: Diese Übung ist am erfolgreichtsten, wenn die Teilnehmer sie langsam spielen. Immer dann wenn ein Teilnehmer Schwierigkeiten hat die Hände seines Nachbarn festzuhalten, muß die Gruppe sich ein wenig nach innen bewegen.

## EINE ORANGE GEHT AUF REISEN

ZIEL: warming up, Abbau von Berührungsängsten, Teamarbeit

TEILNEHMER: 6 - 14

ALTER: ab 15 Jahre

MATERIAL: eine Orange (Ei, Banane...)

BESCHREIBUNG: Die Gruppe stellt sich im Kreis auf. Auf ein Zeichen hin klemmt sich ein Teilnehmer die Orange unter das Kinn, dreht sich zu seinem rechten Nachbarn um und gibt die Orange ohne die Hände zu benützen an ihn weiter. Dieser versucht dasselbe mit seinem Nachbarn. Das Spiel dauert solange bis die Orange wieder beim Ersten angelangt ist. Fällt sie zwischendurch zu Boden, wird bei der Person neu begonnen, die sie als letztes unter dem Kinn halten konnte.

VARIATIONEN: (1) Die Orange wird in der Ellenbogenbeuge weitergereicht.

(2) Die Orange wird abwechselt unter dem Kinn, dann in der Ellenbogenbeuge weitergereicht.

(3) Mehrere Orangen können die Runde gleichzeitig machen.

Fortsetzung nächste Seite

ERFAHRUNGEN:        Wenn dieses Spiel als warming up-Übung verwendet wird sollte sich der Betreuer eventuell überlegen, ob er die Reihenfolge festlegt.

# BERÜHMTE LEUTE

ZIEL:                    warming up, Förderung der Kommunikationsfähigkeit

TEILNEHMER:              10 - 14

ALTER:                   ab 16 Jahre

MATERIAL:                pro Teilnehmer eine Karteikarte, Tesafilm

BESCHREIBUNG:            Der Betreuer schreibt in Abwesenheit der Teilnehmer
                         auf jede Karte den Namen einer berühmten Persön-
                         lichkeit. Er kann dabei reale (z.B. Albert Einstein)
                         oder fiktive (z.B. Superman) Personen verwenden.
                         Dann heftet er auf den Rücken eines jeden Teilneh-
                         mers eine Karte. Jedes Gruppenmitglied muß nun
                         umhergehen und versuchen mit Hilfe von Ja- und
                         Nein-Fragen herauszufinden, wer er ist. Wenn er
                         herausgefunden hat, wen er darstellt, heftet er den
                         Zettel an seine Brust und hilft den anderen.

VARIATIONEN:             Man kann diese Übung auch nonverbal spielen.

Fortsetzung nächste Seite

ERFAHRUNGEN:     Der Gruppenbetreuer muß bei der Auswahl der Persönlichkeiten das Wissen der Gruppe berücksichtigen. Es kann vorallem für jüngere Teilnehmer sehr frustrierend sein, nicht zu erraten, welche Karte auf ihrem Rücken klebt, nur weil sie die berühmte Person nicht kennen bzw. zu wenig über sie wissen.

Ein bißchen mehr Aufwand kostet es den Betreuer, wenn er bewußt bestimmten Teilnehmern bestimmte Persönlichkeiten zuordnet und nach Beendigung des Spieles eine Diskussion über Ähnlichkeiten und Unterschiede zwischen der Berühmtheit und dem Teilnehmer anregt.

# TIC TOC

ZIEL:             warming up; Förderung der Kommunikationsfähigkeit

TEILNEHMER:       8 - 12

ALTER:            ab 14 Jahre

MATERIAL:         zwei unterschiedliche, kleine Gegenstände (zum Beispiel ein Apfel und eine Zwiebel)

BESCHREIBUNG:     Die Gruppe stellt sich in einem Kreis auf. Der Spielleiter gibt den Apfel an seinen rechten Nachbarn (A) mit dem Satz: "Dies ist ein Tic." A fragt den Spielleiter: "Was ist das?", der Spielleiter antwortet: "Ein Tic!". A gibt seinem rechten Nachbarn (B) den Apfel weiter und sagt: "Dies ist ein Tic." B fragt A zurück: "Was ist das?", A fragt den Spielleiter: "Was ist das?", der Spielleiter antwortet A: "Ein Tic!". A antwortet B: "Ein Tic!". B gibt den Apfel an seinen rechten Nachbarn (C) mit den Worten: "Das ist ein Tic." weiter. C fragt B: "Was ist das?", B fragt A: "Was ist das?", A fragt den Spielleiter "Was ist das?" und der Spielleiter antwortet: "Ein Tic!". A zu B:"Ein Tic!", B zu C: "Ein Tic!" usw.

Fortsetzung nächste Seite

78

Nachdem der Apfel die gesamte Runde gemacht hat, meint der Spielleiter, daß zwar alles gut gelaufen wäre, daß es aber noch viel schneller gehen könne. So beginnt das Spiel von neuem, nur mit dem Unterschied, daß der Spielleiter, sobald er den Apfel (Tic) auf die Reise geschickt hat, die Zwiebel aus der Tasche zieht und mit den Worten "Das ist ein Toc." an seinen linken Nachbarn weitergibt. Das Spiel nimmt solange seinen gewohnten Verlauf bis sich die beiden Gegenstände kreuzen. Ab dann entsteht meistens ein Chaos. Nur bei dem Spielleiter nicht. Dieser muß sich einfach merken, in welche Richtung er den Tic und in welche er den Toc losgeschickt hat und nach links "Tic" antworten und nach rechts "Toc".

VARIATIONEN:      -

ERFAHRUNGEN:      Dieses Spiel löst beim ersten Mal große Verwirrung und Chaos aus und bereitet einen "Heidenspaß". Es eignet sich daher gut als Anfangsspiel mit einer neuen Gruppe, um die Spannung ein wenig aufzulockern. Wenn man dieses Spiel aber nach einigen Tagen nochmals spielt, entsteht ein großer Ehrgeiz bei der Gruppe, es fehlerfrei zu überstehen.

# KOMMUNIKATIONSCHAOS

ZIEL:                    Förderung der Kommunikationsfähigkeit

TEILNEHMER:              gerade Anzahl: 8 - 14

ALTER:                   ab 16 Jahre

MATERIAL:                - für die Hälfte der Teilnehmer verschiedene Bot-
                           schaften mit circa 50 Wörtern
                         - für die andere Hälfte ein Blatt Papier und ein Stift
                           pro Person

BESCHREIBUNG:            Die Gruppe teilt sich in Paare auf. Die Partner stehen
                         sich in einem Abstand von 10 Metern in einer Allee
                         gegenüber. Der Spielleiter verteilt an eine Seite der
                         Teilnehmerallee die Botschaften. Aufgabe dieser Per-
                         sonen ist es, die Botschaft ihrem Partner so deutlich
                         wie nur möglich hinüberzurufen, damit dieser sie auf
                         dem Papier festhalten kann. Sobald ein Paar diese
                         Aufgabe erfüllt hat, geben sie den Zettel ab.

VARIATIONEN:

Fortsetzung nächste Seite

**ERFAHRUNGEN:**   Dies ist ein sehr lautes Spiel. Da jeder Teilnehmer seinem Partner eine andere Botschaft übermitteln will, versucht jeder sich Gehör zu verschaffen. Es entsteht ein fürchterlicher Lärm und es ist schwer den anderen zu verstehen. Genau das soll das Spiel aufzeigen.

Am einfachsten ist es, wenn der Spielleiter als Botschaften Zeitungsausschnitte verwendet. Besonders deutlich wird der Sinn des Spieles, wenn unter den Botschaften die Meldung vorhanden ist:"Ist es nicht furchtbar schwer sich zu unterhalten, wenn jeder schreit und ruft und keiner dem anderen zuhört? Wäre es nicht viel einfacher, wenn man erst eine Person ausreden läßt, ihr zuhört und dann auf das Gesagte antwortet. Kommunikation ist kein Wettbewerb!" Der Gruppenleiter sollte diese Botschaft am Ende des Spieles vorlesen lassen. Es ist auf keinen Fall entscheidend, wer das Spiel gewonnen hat und wieviele Fehler wer gemacht hat; um dies deutlich zu machen überläßt der Gruppenbetreuer die Korrektur der übermittelten Botschaften den Teilnehmern selbst.

# DRUNTER UND DRÜBER

ZIEL:                    warming up, Förderung der Kommunikations- und
                         Konzentrationsfähigkeit, Teamarbeit

TEILNEHMER:              mindestens 6

ALTER:                   ab 10 Jahre

MATERIAL:                20 Gegenstände von unterschiedlicher Größe (Bälle,
                         Steine, Zweige)

BESCHREIBUNG:            Die Gruppe stellt sich in einer Reihe auf. Der Betreu-
                         er legt die 20 Objekte vor die Füße des ersten Teil-
                         nehmers. Auf ein Zeichen hin beginnt der Erste, die
                         Gegenstände nach hinten weiterzugeben, indem er sie
                         einzeln über seinem Kopf dem Hintermann in die
                         Hand gibt. Wenn ein Teil den Letzten der Reihe
                         erreicht hat, wird es zwischen den Beinen hindurch bis
                         zum Ersten wieder zurückgegeben. Dieser legt es vor
                         sich auf den Boden.

VARIATIONEN:             (1) Der Kopf der Schlange gibt die Gegenstände, die
                         bei ihm von hinten ankommen, wieder nach hinten
                         durch (Endlosspiel)
                         (2) Ältere Gruppen können dieses Spiel auch blind
                         spielen.

Fortsetzung nächste Seite

ERFAHRUNGEN:     Diese Übung ist ein für alle Altersgruppen amüsantes Spiel, das ein hohes Maß an Konzentration und Koordination erfordert. Da das Ziel der Gruppe sein sollte, möglichst schnell die Gegenstände weiterzugeben, ist eine gute, aber knappe Kommunikation von Nöten. Somit eignet sich dieses Spiel vor allem als Vorbereitung auf Expeditionen wie beispielsweise Segeln, da es auch bei diesen Aktivitäten darauf ankommen wird, schnell und mit wenigen Anweisungen zu handeln. Es ist Aufgabe des Betreuers darauf hinzuweisen.

# REISE ÜBER KÖPFE

ZIEL:                    Entwicklung von Vertrauen zu anderen Gruppenmit-
                        gliedern; warming up

TEILNEHMER:             unbegrenzt

ALTER:                  ab 15 Jahre

MATERIAL:               -

BESCHREIBUNG:           Alle Teilnehmer stellen sich in einer engen Doppel-
                        reihe mit dem Gesicht nach vorne auf. Die vorderste
                        Person lehnt sich zurück, wird emporgehoben und
                        wird über den Köpfen der Teilnehmer nach hinten
                        durchgereicht.

VARIATIONEN:            Bis auf einen Teilnehmer legen sich alle mit den
                        Köpfen aneinander in einer Reihe auf den Boden,
                        wobei die Beine des Ersten in die genau entgegen-
                        gesetzte Richtung zeigen wie die des Zweiten, die des
                        Dritten wiederum in die entgegengesetzte Richtung des
                        zweiten, usw. Das Ganze sieht am Schluß wie ein
                        Reißverschluß aus. Die stehende Person lehnt sich zu-
                        rück, so daß ihr Oberkörper auf den Händen der
                        ersten Träger ruht. Nun kann sie nach hinten wei-
                        tergereicht werden.

Fortsetzung nächste Seite

ERFAHRUNGEN:    Die Variation eignet sich besser für jüngere Gruppen, da der Kraftaufwand hier geringer ist. Die Belastung beansprucht nur die Arme.

Die Reise über Köpfe ist ein Spiel, das am Anfang die Angst hervorruft, vielleicht fallengelassen zu werden (vor allem bei schweren Jugendlichen) oder andere nicht halten zu können. Das Gewicht verteilt sich jedoch auf soviele Hände, daß es bestimmt keine Probleme geben wird. Dennoch muß sich der Spielleiter dieser Gefühle bewußt sein und sie gegebenenfalls vor der Übung besprechen.

## SCHLANGENHAUT

ZIEL:                    warming up, Abbau von Berührungsängsten

TEILNEHMER:              mindestens 8

ALTER:                   ab 10 Jahre

MATERIAL:                -

BESCHREIBUNG:            Die Teilnehmer stellen sich breitbeinig in einer Reihe auf und halten ihre rechte Hand zwischen die Beine. Mit der linken Hand ergreifen sie die rechte Hand des Vordermanns. Wenn die Gruppe sich formiert hat, legt sich der Letzte auf dem Rücken zwischen die Beine des Zweitletzten (Füße in Richtung Kopf der Schlange). Die Schlange bewegt sich nun lamgsam rückwärts, die Gruppenmitglieder halten sich während des ganzen Spiels an den Händen. Wenn ein Teilnehmer den Kopf eines Liegenden passiert, legt er sich dahinter. Wenn alle Teilnehmer auf dem Boden liegen, ist die Schlange enthäutet.

Fortsetzung nächste Seite

VARIATIONEN:        Man kann dieses Spiel auch in umgekehrter Reihenfolge spielen.

ERFAHRUNGEN:       Diese Übung ist eine sehr sanfte Methode, um Berührungsängste abzubauen und eignet sich hervorragend auch für jüngere Gruppen.

# BLIND

ZIEL:                 Entwicklung von Vertrauen zu anderen Gruppenmitgliedern; Förderung der Kommunikationsfähigkeit

TEILNEHMER:           mindestens zwei

ALTER:                ab 14 Jahre

MATERIAL:             Schals, Halstücher oder sonstige Dinge zum Augenverbinden

BESCHREIBUNG:         Die Gruppe wird in Paare aufgeteilt. Jeweils eine Person pro Paar verbindet sich die Augen. Der Partner
nimmt diese an der Hand und führt sie durch ein Gelände mit vielen Hindernissen (Wurzeln, herabhängen-
de Zweige, leichte Steigungen, etc.). Er muß den
Blinden mit möglichst vielen Informationen über diese
Hindernisse versorgen, um diesen vor Verletzungen zu
bewahren. Nach circa fünf Minuten erfolgt der Wechsel.

VARIATIONEN:          (1) Bei ungerader Teilnehmerzahl empfiehlt es sich,
eine Dreiergruppe zu bilden, bei der zwei Personen
die Augen verbunden werden.

Fortsetzung nächste Seite

Die Möglichkeit des Bildens einer Dreiergruppe ist aber auch sonst gegeben, jedoch zweckmäßiger nach einer kurzen Einführungsphase in Paaren.

(2) Nach ungefähr einminütigem an-der-Hand-führen, wird die Hand losgelassen. Ab sofort ist jeglicher Körperkontakt der Partner miteinander verboten. So verbindet nur noch die Sprache das Paar.

(3.1.) Statt Zweierpaaren kann auch die ganze Gruppe zusammenspielen. So werden allen Teilnehmern bis auf einen die Augen verbunden. Die Teilnehmer fassen sich an den Händen und bilden eine Schlange, die von dem Sehenden angeführt wird. Die Informationen werden nun von Person zu Person weitergegeben; dies muß möglichst rasch erfolgen, damit der Letzte die Nachricht nicht erst dann erhält, wenn er bereits über das Hindernis gestolpert ist. Ein Wechsel der leitenden Person kann nach circa drei Minuten erfolgen.

(3.2.) Diese Schlange kann nach kurzer Übungsphase (zwei Minuten) ebenfalls ohne Handkontakt geführt werden. Bei einer Gruppe von mehr als 10 Personen empfiehlt es sich jedoch, mehrere Großgruppen zu bilden.

Fortsetzung nächste Seite

ERFAHRUNGEN:  Dieses Spiel löst bei den Teilnehmern mit verbundenen Augen anfangs das Gefühl der Hilflosigkeit und des Ausgeliefertseins aus. Im weiteren Verlauf des Spieles nimmt dieses Gefühl jedoch ab und es macht Spaß der sehenden Person Vertrauen zu zeigen. Voraussetzung dafür ist aber, den Teilnehmern ihre Verantwortung bewußt zu machen: Sowohl die Verantwortung des Sehenden, den "Blinden" vor Schaden zu bewahren, als auch die Verantwortung des Nichtsehenden, dem Führenden zu vertrauen. Denn durch Vertrauen wächst auch Verantwortungsgefühl.

In einer Gruppe ist es wichtig, daß eine "geregelte" Kommunikation stattfindet. Die Fähigkeit dazu kann in diesem Spiel gefördert werden, da es im Interesse der Teilnehmer liegt, gehört und verstanden zu werden bzw. zuzuhören.

## DIVERGIERENDES STAHLSEIL

ZIEL:                        Entwicklung von Vertrauen zu anderen Gruppenmitgliedern

TEILNEHMER:       2

Fortsetzung nächste Seite

ALTER:              ab 18 Jahre

MATERIAL:           - ein circa 25 m langes Stahlseil

                    - drei circa 2 m lange Pfähle (Durchmesser 30 cm)

                    - zwei Spannungsvorrichtungen

                    - vier Stahlklemmen

                    Falls Bäume anstatt der Pfähle verwendet werden,

                    benötigt man kurze Brettchen, um den Baum zu schüt-

                    zen.

BESCHREIBUNG:       Um diese Übung aufzubauen, benötigt man drei im

                    Boden einzementierte Pfähle mit einer Mindesthöhe

                    von 80 cm oberhalb der Erdoberfläche, die ein Drei-

                    eck bilden (10m x 10m x 4m). Das Stahlseil wird

                    zweimal um den Pfahl A gewickelt. Die Spannungs-

                    vorrichtung wird mit zwei Klemmen daran befestigt.

                    Nun wird das Stahlseil um Pfahl B gewickelt, kurz

                    vor Pfahl C wird wiederum die Spannungsvorrichtung

                    angebracht, das Seil wird um Pfahl C gewickelt und

                    mit der Klemme der Spannungsvorrichtung fixiert.

                    Wenn man anstatt der Pfähle Bäume verwendet, wer-

                    den die kurzen Brettchen zwischen Baum und Stahlseil

                    gelegt, um den Baum vor Einschnitten zu schützen.

                    Die Aufgabe der Teilnehmerpaares ist es, von Pfahl B

                    zu den Pfählen A und C zu gelangen ohne den Boden

                    zu berühren, wobei sie sich gegenseitig unterstützen

                    können.

Fortsetzung nächste Seite

Damit es spannend bleibt, kann man die Stelle, bis zu der sie es das erste Mal geschafft haben, markieren und mit den weiteren Versuchen vergleichen.

VARIATIONEN:                    -

ERFAHRUNGEN:        Die Aufgabe dieser Übung verlangt von den Teilneh-mern Einsatz und Vertrauen in den anderen, da sie unmöglich alleine zu schaffen ist. Sie ist so aufgebaut, daß beide Teilnehmer von einander abhängig sind. Wenn der eine nicht seinen vollen Einsatz leistet, hat dies ein gemeinsames Versagen als Konsequenz.

Bei dieser Übung ist bei Verwendung von Bäumen besonders auf deren Schutz zu achten. Die Brettchen sind unbedingt notwendig, um die Bäume vor Ein-schnitten zu bewahren.

Es ist wichtig, daß man keine normalen Seile verwen-det; sie würden zu sehr nachgeben. Mit Hilfe der Spannungsvorrichtung kann man das Stahlseil jederzeit nachspannen oder lockern.

# ZWEI + ZWEI = EINS

ZIEL:                           Aufbau von Vertrauen

TEILNEHMER:                     gerade Anzahl, mindestens 2

ALTER:                          ab 15 Jahre

MATERIAL:                       -

BESCHREIBUNG:                   Der Gruppenleiter bittet die Gruppe sich auf einer
                                Fläche zu verteilen. Jede Person soll überprüfen, wie
                                weit sie sich nach vorne lehnen kann ohne umzufallen.
                                Dann sollen sich Paare bilden und ausprobieren, wel-
                                chen Unterschied die Hilfe des anderen bewirkt.

VARIATIONEN:                    -

ERFAHRUNGEN:                    Diese Übung ähnelt dem Spiel "Divergierendes Stahl-
                                seil". Der Vorteil des 2 + 2 = 1 ist, daß man sich im
                                Falle von mobilen Kursen Arbeit ersparen kann, da
                                keine Materialen notwendig sind.
                                Der Gruppenbetreuer sollte es auf keinen Fall ver-
                                säumen, indem er die Beobachtungen der Teilnehmer
                                benützt, Vergleiche zwischen dem Alltagsleben und
                                dieser Übung ziehen zu lassen.

## SITZENDER KREIS

ZIEL:                           warming up, Aufbau von Vertrauen

TEILNEHMER:                     mindestens 14

ALTER:                          ab 12 Jahre

MATERIAL:                       -

BESCHREIBUNG:                   Die Gruppe stellt sich in einem Kreis auf, wobei
                                jeweils die rechten Schultern der einzelnen Teilnehmer
                                in den Mittelpunkt des Kreises zeigen müssen. Der
                                Kreis muß so eng sein, daß jeder seinen Vorder- und

Fortsetzung nächste Seite

Hintermann berührt. Die Teilnehmer halten nun die Hüfte der vor ihr stehenden Personen. Jeder geht in die Knie, bis er fühlt, daß er auf den Knien des Hintermannes sitzt.

VARIATIONEN:

Wenn die Sitzposition erreicht ist:

(1) Alle lehnen sich leicht nach innen und heben das linke Bein

(2) Die Gruppe versucht sitzend vorwärtszugehen (sehr schwierig)

ERFAHRUNGEN:

Diese Übung kann nur erfolgreich durchgeführt werden, wenn die Form eines Kreises das ganze Spiel hindurch beibehalten wird. Wenn die gesamte Gruppe sich leicht nach innen lehnt, wird es leichter sein das Gleichgewicht zu halten.

**ENTSPANNUNGSSCHAUKEL** (gute Vorübung zu Vertrauensfall)

ZIEL:                    Entwicklung von Vertrauen zu anderen Gruppenmit-
                         gliedern; Entspannung

TEILNEHMER:              optimal 11, bis zu 13 möglich

ALTER:                   ab 15 Jahre

MATERIAL:                -

BESCHREIBUNG:            Zwei Reihen von "Schauklern" zu je 5 stehen sich
                         Schulter an Schulter in circa 70 cm Abstand gegen-
                         über. Man umfaßt die Handgelenke des Gegenüber-
                         stehenden. Die "Schaukler" gehen in die Knie, damit
                         der erste Freiwillige sich auf dem Rücken in ihre
                         Arme legen kann. Der Freiwillige schließt die Augen.
                         Nun stehen die "Schaukler" langsam, möglichst
                         gleichzeitig auf und beginnen die Armschaukel in Be-
                         wegung zu setzen. Geschaukelt wird von vorne nach
                         hinten. Die Schaukelbewegungen sollten sanft und
                         nicht abrupt sein. Bei der Übung selbst wird nicht
                         gesprochen.

Fortsetzung nächste Seite

VARIATIONEN:    Diese Übung kann auch als Nachübung zum Vertrauensfall benützt werden. Sie bildet einen hervorragenden Kontrast zu der vorher entstandenen Anspannung.

ERFAHRUNGEN:    Auch bei diesem Spiel ist es wichtig, daß den Teilnehmern der Ernst ihrer Rolle bewußt gemacht wird. Sobald das Spiel in wildes Schaukeln übergeht, verliert es seinen Sinn. Wenn die Gruppe der Beschreibung nach mitarbeitet, kann dieses Spiel äußerst angenehm und beruhigend wirken.

**PENDEL**

ZIEL:                           Entwicklung von Vertrauen zu anderen Gruppenmitgliedern; Entspannung

TEILNEHMER:          8 - 10

ALTER:                 ab 15 Jahre

MATERIAL:            -

BESCHREIBUNG:     Alle Teilnehmer bis auf einen stellen sich in einem engen Kreis - Schulter an Schulter - auf. Die übriggebliebene Person stellt sich in die Mitte des Kreises (Durchmesser des Kreises möglichst klein und nicht mehr als 2,00m). Sie schließt die Augen oder ihr werden die Augen verbunden. Nun läßt sie sich steif wie ein Brett in eine Richtung fallen. Die Teilnehmer, die in dieser Richtung stehen, fangen den Fall leicht ab und schubsen die Person sanft(!) in eine andere Richtung. Nach einer gewissen Zeit (etwa drei Minuten) wechselt ein anderer Teilnehmer mit der Person in der Mitte.

VARIATIONEN:      -

Fortsetzung nächste Seite

ERFAHRUNGEN: Dies ist ein weiteres Spiel, das das Gefühl von Zusammenhalt, von Halten und Gehaltenwerden vermittelt und Vertrauen verlangt.

Es besteht aber die Gefahr, daß die Feinfühligkeit der "Halter" nachläßt, wenn dieses Spiel zu lange gespielt wird. Sobald die Übung in grobe Schubserei ausartet und die nötige ruhige Atmosphäre verloren geht, muß es abgebrochen werden.

## VERTRAUENSFALL

Fortsetzung nächste Seite

ZIEL:                    Entwicklung von Vertrauen zu anderen Gruppenmit-
                         gliedern; Selbstüberwindung

TEILNEHMER:              11 - 16

ALTER:                   ab 15 Jahre

MATERIAL:                ein circa 1,60 m langer, in den Boden gerammter
                         Baumstamm; möglich ist aber auch eine auf 1,60 m
                         angebrachte Plattform oder eine Leiter.

BESCHREIBUNG:            Die Teilnehmer stehen sich Schulter an Schulter vor
                         dem Baumstamm in einer Zweierreihe gegenüber. Sie
                         strecken die Arme auf Schulterhöhe, die Handflächen
                         nach oben zeigend nach vorne aus. Die Anordung der
                         Arme geschieht nach dem Reißverschlußprinzip. So
                         streckt der erste (A) seine Arme nach vorne aus, der
                         ihm Gegenüberstehende (B) legt seinen rechten Arm
                         (nicht nur die Hand!) zwischen die ihm entgegen-
                         gestreckten Arme, seinen linken neben den rechten des
                         A. Die Anordnung sieht also folgendermaßen aus:
                         A(li), B(re), A(re), B(li), A(li), B(re), A(re), usw.
                         Nicht an den Händen fassen!
                         Ich weise hier so mit Nachdruck auf die Anordnung
                         der Arme hin, da diese die für Fänger und Fallenden
                         sicherste Methode ist.

Fortsetzung nächste Seite

Ein Freiwilliger besteigt den Baumstamm, hinter dem die zwei Reihen der Fänger stehen. Er wendet der Fängerallee den Rücken zu. Wenn er zum Fallen bereit ist, versichert er sich bei den Fängern, daß diese ebenfalls fertig sind. Dann läßt er sich rückwärts in die Arme der Fänger fallen. Wichtig ist dabei, daß der Fallende seine Hände und Arme eng beim Körper hat, sie zum Beispiel auf der Brust kreuzt, um die Gesichter der Fänger nicht zu gefährden. Aus dem gleichen Grund ist es auch sinnvoll, wenn der Fallende keine Schuhe trägt. Es empfiehlt sich weiter, daß alle Teilnehmer ihre Uhren oder sonstigen Armschmuck ablegen.

Der Fallende muß mit gestrecktem Körper fallen, damit sich sein Gewicht nicht auf wenige Fänger konzentriert, sondern auf möglichst viele. Oft, sogar nach kurz vorher gegebener Anweisung, trifft aber doch das Gesäß als erstes auf. Deshalb ist es zweckmäßig, an dieser Stelle die kräftigsten Fänger der Gruppe zu plazieren (in der Regel ist dies - je nach Größe - die zweite oder dritte Position).

VARIATIONEN:

(1) Bei einer größeren Gruppe (20-40 Teilnehmer) ist es klar, daß nur wenige am eigentlichen Auffang des Fallenden beteiligt sind. Eine Möglichkeit ist, daß nach jedem Fall die Positionen der Fänger getauscht

Fortsetzung nächste Seite

werden. Um aber die gesamte Gruppe auf einmal zu beschäftigen, kann die fallende Person gebeten werden, auch nach dem Fall steif zu bleiben, sodaß sie bis ans Ende der Fängerallee durchgereicht werden kann. (2) je nach Alter der Gruppe kann die Höhe des Baumstammes verändert werden.

ERFAHRUNGEN:

Der Vertrauensfall ist sowohl für Fallende als auch für Fänger ein sehr aufregendes Spiel, das ein hohes Maß an Vertrauen fordert. Es kostet große Überwindung, sich fallen zu lassen, mehr jedoch sich auf die anderen zu verlassen. Sobald dieses Vertrauen erschüttert wird (wenn die Fänger eine Person durchfallen lassen), hat das Spiel seinen Sinn verloren und ist deshalb besser abzubrechen. Umso wichtiger ist es also, den Teilnehmern ihre verantwortungsvolle Rolle bewußt zu machen, um einem solchen Vorfall von Anfang an vorzubeugen.

Es wird sicher in jeder Gruppe jemanden geben, der aus Angst an diesem Spiel nicht teilnehmen will. Wichtig ist, diesem nicht sofort nachzugeben, sondern darauf zu bestehen, zumindestens den "Vertrauenspfahl" zu besteigen, um sich die Sache wenigstens einmal anzuschauen. Dann liegt es an der Fähigkeit der Gruppe, den Zögernden zu ermutigen, sich fallen zu lassen.

Es soll niemand gezwungen werden!

## MENSCHLICHE LEITER

ZIEL:                  Entwicklung von Vertrauen zu anderen Gruppenmit-
                       gliedern, Zusammenarbeit

TEILNEHMER:            11 - 17

ALTER:                 ab 16 Jahre

MATERIAL:              je nach Teilnehmerzahl bis zu 8 Hartholzstangen (1m
                       lang, Mindestdurchmesser: 3cm)

Fortsetzung nächste Seite

BESCHREIBUNG: Die Teilnehmer teilen sich in Paare auf. Jede Zweiergruppe hält je eine Stange. Die Paare stellen sich nah nebeneinander auf und bilden somit eine Leiter, deren Sprossen in unterschiedlichen Höhen gehalten werden. Ein Gruppenmitglied beginnt bei der ersten Sprosse und klettert über die anderen hinweg bis zum Ende.

VARIATIONEN: (1) Wenn der Teilnehmer eine Sprosse überwunden hat, kann sich das Paar ans Ende stellen. So wird diese Leiter unendlich lang.

ERFAHRUNGEN: Der Spielleiter sollte darauf achten, daß die Sprossen nicht höher als Schulterhöhe gehalten werden.

Diese Übung erfordert bei dem Kletterer ein hohes Maß an Vertrauen, bei denen, denen dieses Vertrauen entgegengebracht wird, ein hohes Maß an Verantwortungsgefühl.

Bei einer Nachbesprechung dieser Übung empfiehlt es sich, folgende Punkte anzusprechen: Wie fühlte sich der Einzelne, als er die Sprossen entlangkletterte? Wie fühlten sich diejenigen, die die Sprossen gehalten haben? Haben sich die Gefühle geändert, nachdem die erste Person Deine Sprosse überwunden hat? Welchen Stellenwert hatten Verantwortungsgefühl und Vertrauen?

## 2.2. Interaktionsspiele der dritten Stufe

# VERTRAUENSLAUF

**ZIEL:** Aufbau von Vertrauen zu anderen Gruppenmitgliedern; Zusammenarbeit

**TEILNEHMER:** 10 - 14

**ALTER:** ab 16 Jahre

**MATERIAL:** 1 Tuch/Schal zum Augenverbinden

**BESCHREIBUNG:** Diese Übung erfodert eine große freie Fläche (Wiese) mit ebenen Boden mit einem Mindestdurchmesser von 30m. Aufgabe der Gruppe ist es, einen laufenden Teilnehmer, der von einem bestimmten Punkt aus in irgendeine Richtung startet, nach einer bestimmten bzw. selbstgewählten Distanz sanft, aber auf einen Schlag zu stoppen. Der rennende Teilnehmer hat die Augen verbunden. Seine Aufgabe besteht darin, so schnell wie möglich zu laufen.

Es geht für die Gruppe nun darum, sich eine Strategie zu überlegen, wie man den Läufer möglichst behutsam stoppen will, wer dabei welche Aufgabe übernimmt, wie das gesamte Gelände gesichert werden soll, usw. Nach der Ausführung wird die Taktik gemeinsam besprochen und eventuell eine andere ausgewählt.

Fortsetzung nächste Seite

109

VARIATIONEN:

(1) Man kann diese Übung auch als Interaktionsspiel der 2. Stufe verwenden. In diesem Fall gibt der Gruppenleiter einfach die Lösung vor: Die Gruppe verteilt sich in einem Kreis mit einem Mindestdurchmesser von 30m auf der Wiese. Immer eine Gruppe von drei Gruppenmitgliedern bilden einen Puffer (zwei halten sich an den Händen, der dritte steht dahinter, um den Laufenden mit einem Griff an die Schultern zu stoppen).

In dieser Variante wird das Spiel zur reinen Vertrauensübung, ist weniger zeitaufwendig und besitzt den Vorteil, daß alle Gruppenmitglieder zu Läufern werden können.

(2) Bei Platzmangel kann man diese Übung abwandeln, indem man die Richtung des Läufers von vornherein festlegt.

ERFAHRUNGEN:

Wie alle Problemlösungsspiele ist auch diese Übung eine sehr zeitaufwendige. Der Gruppenleiter sollte sich daher zu Beginn überlegen, ob er ein Vertrauensspiel (Variante 1) spielen will oder ein Initiativspiel.

Wenn er zweiteres wählt, sollte er sich vor Beginn der Ausführung nach der Taktik des Stoppens erkundigen, um Sicherheitsrisiken vermeiden zu können. Das Spiel gilt erst als beendet, wenn die Gruppe eine für sie zufriedenstellende Lösung gefunden hat.

# EIN FUSS IM KREIS

ZIEL: Erlernen von Problemlösungsstrategien; Zusammenarbeit; Abbau von Berührungsängsten

TEILNEHMER: höchstens 14

ALTER: ab 16 Jahre

MATERIAL: ein Seil, eine Schnur, etc., um den Kreis zu kennzeichnen

BESCHREIBUNG: Ein kleiner Kreis wird auf dem Boden mit Hilfe des Seiles ausgelegt (bei 14 Teilnehmer mit einem Durchmesser von 90cm; bei weniger Teilnehmern entsprechend kleiner).

Aufgabe der Gruppe ist es, daß alle Teilnehmer mit einem Fuß im Kreis stehen. Grundsätzlich darf jeder aber nur auf einem Fuß stehen.

VARIATIONEN: -

ERFAHRUNGEN: Dies ist ein leichtes Spiel, um Zusammenarbeit zu üben. Es gilt andere zu halten, aber auch selbst festgehalten zu werden. Keiner darf losgelassen werden, sonst "versagt" die *ganze* Gruppe.

**HAUFEN**

ZIEL: Erlernen von Problemlösungsstrategien; Zusammenarbeit; Abbau von Berührungsängsten

TEILNEHMER: 12 - 15

ALTER: ab 14 Jahre

MATERIAL: ein circa 70 cm langer in den Boden gerammter Baumstumpf mit einem Durchmesser von ungefähr 70 cm oder ein Podest/Plattform mit den Maßen 70 cm x 60 cm.

Fortsetzung nächste Seite

BESCHREIBUNG:  Aufgabe ist es, möglichst viele Teilnehmer auf einmal für mindestens 10 Sekunden auf dem Baumstumpf zu halten.

VARIATIONEN:  je nach Gruppengröße bzw. Alter der Gruppe kann ein Baumstumpf mit kleinerer oder größerer Oberfläche gewählt werden.

ERFAHRUNGEN:  Auch bei diesem Spiel geht es wieder darum, zu halten und gehalten zu werden. Es ist eine relativ einfache Übung, um zu lernen, wie man Probleme am geschicktesten angeht, da der Spielablauf nicht sehr komplex ist. Sie eignet sich daher gut als Übung, die zu Beginn einer neu zusammengetretenen Gruppe gespielt werden kann, zumal sie durch den notwendig engen Körperkontakt auch Berührungsängste abzubauen hilft.

Dieses Spiel läßt sich bei jüngeren Gruppen gut als Rettungsinsel, die von Haien umschwommen wird, verkaufen.

Der Spielleiter sollte es keinesfalls zulassen, daß sich Personen horizontal übereinanderlegen. Dadurch entsteht ein zu großer Druck auf den unten liegenden Teilnehmern, für die dieses Spiel äußerst schmerzhaft werden würde.

## EIN LOCH IST IM EIMER

ZIEL:                  Zusammenarbeit; Vergnügen

TEILNEHMER:            10 - 14

ALTER:                 ab 14 Jahre

MATERIAL:              Ein Blecheimer (100 - 150 Liter) mit Löchern; zwei
                       Eimer mit je 3 Liter Fassungsvermögen; eine leicht
                       zugängliche Wasserquelle;

Fortsetzung nächste Seite

114

BESCHREIBUNG: Die Gruppe muß den löchrigen Eimer bis zum Über-
laufen füllen.

**Regel:** Nur Körperteile dürfen zum Stopfen der Löcher verwendet werden.

VARIATIONEN:

ERFAHRUNGEN: Die Anzahl der Löcher im Eimer richtet sich nach der
Anzahl der Teilnehmer. Für 12 Teilnehmer schlägt
man ungefähr 120 Löcher (Durchmesser 1 - 2cm) mit
Hilfe eines Nagels in den Eimer (10 Finger x 12
Teilnehmer). Bei kleineren Gruppen kann man einige
Löcher mit Korken wieder verschließen. Wie weit
entfernt man den Eimer von der Wasserquelle auf-
stellt, hängt vom Schwierigkeitsgrad ab, den man der
Gruppe zumuten will.

Dieses Spiel ist auch hervorragend für jüngere Teilnehmer geeignet.

## ZUSAMMENGESCHNÜRT

ZIEL:                        Erlernen von Problemlösungsstrategien; Zusammenar-
                             beit; Abbau von Berührungsängsten

TEILNEHMER:                  10 - 14

ALTER:                       ab 18 Jahre

MATERIAL:                    ein Seil

BESCHREIBUNG:                Die Teilnehmer stellen sich eng zusammen. Der Grup-
                             penleiter bindet um sie herum möglichst eng ein Seil.
                             Aufgabe der Gruppe ist es, so schnell wie möglich
                             von einem Ort A zu einem Ort B zu gelangen.

VARIATIONEN:                 (1) Der Spielleiter kann allen bis auf einen die Augen
                             verbinden.
                             (2) Der Gruppenbetreuer kann nur die Füße mit ein-
                             ander verknoten.

ERFAHRUNGEN:                 Auch dieses Spiel erfordert ein gewisses Maß an Vor-
                             überlegung, Taktik und gegenseitiger Abstimmung,
                             um anderen Leuten nicht auf die Füße zu treten oder
                             hinzufallen. Es empfiehlt sich, diese Übung mit Grup-
                             pen zu spielen, die noch Hemmungen vor gegenseiti-
                             gem Körperkontakt haben.

## ESSEN MIT ZUSAMMENGEBUNDENEN HÄNDEN

ZIEL:                  Erlernen von Problemlösungsstrategien; Zusammen-
                       arbeit

TEILNEHMER:            unbegrenzt

ALTER:                 ab 14 Jahre

MATERIAL:              ein Seil; Länge: pro Teilnehmer circa 0,5m

BESCHREIBUNG:          Vor dem Essen werden alle rechten Hände der Teil-
                       nehmer an den Handgelenken in circa 40cm Abstand
                       zusammengeknotet.

VARIATIONEN:           (1) Abstand zwischen den Händen vergrößern oder
                       verringern
                       (2) Alle Hände zusammenbinden

ERFAHRUNGEN:           So simpel dieses Spiel auch klingt, es fordert von den
                       Teilnehmern eine Taktik, mit deren Hilfe sie sich auf-
                       einander abstimmen, wann nun wer die Tasse zu
                       Mund führt oder sich sein Brot schmieren will. Au-
                       ßerdem macht es großen Spaß, dem Nachbarn einmal
                       den Kaffee zu verschütten, ob man dann jedoch seinen
                       eigenen trinken kann, wird sich zeigen.

**ESSEN IM BAUM**

ZIEL:                    Erlernen von Problemlösungstrategien; Zusammenar-
                         beit

TEILNEHMER:              bis zu 12, je nach Größe des Baumes

ALTER:                   ab 14 Jahre

MATERIAL:                - ein großer Baum, dessen untere Äste 1,50 m über
                         dem Boden beginnen. Außerdem müssen die Äste
                         kräftig genug sein, um die Teilnehmer zu tragen.
                         Sehr gut geeignet sind Kastanienbäume.
                         - das Essen: Gut geeignet sind Brot, Butter, Auf-
                         schnitt und Getränke in Flaschen oder Tüten etc.
                         Weniger gut eignen sich bereits zubereitete Mahlzei-
                         ten.

BESCHREIBUNG:            Die Teilnehmer erklettern nacheinander den Baum.
                         Der Letzte reicht den Essenskorb den oberen herauf
                         und besteigt selbst den Baum. Dann beginnt die Es-
                         sensverteilung. Während der gesamten Mahlzeit darf
                         kein Teilnehmer den Baum verlassen (auch dann nicht,
                         wenn ein wichtiges Utensil auf den Boden fällt).

VARIATIONEN:             -

Fortsetzung nächste Seite

118

ERFAHRUNGEN: Dieses Spiel ähnelt der vorherbeschriebenen Übung sehr. Wieder wird die alltägliche Situation der Mahlzeit in ein ungewohntes Umfeld versetzt und fordert so die Teilnehmer auf, sich Gedanken zu machen, wie diese Aufgabe zur Zufriedenstellung aller gelöst werden kann.

# ÖKOMEMORY

ZIEL:                Zusammenarbeit; Konzentration; Naturerfahrung

TEILNEHMER:      8 - 14

ALTER:            ab 14 Jahre

MATERIAL:        10 - 16 Blätter, Steine, Zweige etc. (mindestens zwei Gegenstände mehr als Teilnehmer); 2 Tücher

BESCHREIBUNG:    Diese Übung findet auf alle Fälle draußen statt. Der Betreuer breitet die Gegenstände auf einem Tuch aus und legt das zweite darüber. Er erläutert den Teilnehmern ihre Aufgabe und läßt ihnen Zeit, sich eine Taktik zu überlegen: Wenn er das abdeckende Tuch fortnimmt, haben die Teilnehmer zwei Minuten (Zeit ist je nach Gruppe variabel), um sich die Dinge mit ihren Besonderheiten einzuprägen. Danach werden die Gegenstände wieder zugedeckt. Aufgabe der Gruppe ist es, alle gezeigten Materialien in einer bestimmten Zeit zusammenzutragen.

VARIATIONEN:     -

Fortsetzung nächste Seite

ERFAHRUNGEN: Je nach Fähigkeit der Gruppe kann der Leiter verlangen, nicht nur auf die Übereinstimmung der Gat-
tung (Birkenzweig, Ahornblatt), sondern auch auf die
Ähnlichkeit in Form, Farbe, Größe zu achten. Im
Anschluß kann sowohl über die Taktik, als auch über
die Naturerfahrung diskutiert werden.

# WIPPE

ZIEL:  Erlernen von Problemlösungsstrategien; Zusammenarbeit; Abbau von Berührungsängsten;

TEILNEHMER:  richtet sich nach der Länge der Wippe (pro Person kann ungefähr 1.0 m eingeplant werden); interessant wird das Spiel aber meistens zwischen 10 - 15 Teilnehmern.

ALTER:  ab 12 Jahre

Fortsetzung nächste Seite

MATERIAL:

am besten eignet sich eine selbstgebaute Wippe: ein circa 8 m langes, 30 cm breites und 15 cm dickes Brett mit einigen Nägeln auf einen Baumstumpf mit einem Durchmesser von circa 30cm in der Mitte befestigen.

BESCHREIBUNG:

Alle Teilnehmer besteigen die Wippe und versuchen diese ins Gleichgewicht zu bringen. Die Gruppe sollte diesen Zustand möglichst 1 Minute halten.

VARIATIONEN:

(1) Die Teilnehmer versuchen sich alphabetisch nach ihren Vornamen zu ordnen, ohne von der Wippe herunterzufallen. Dies ist ein gutes Spiel, um die Namen der einzelnen Teilnehmer kennenzulernen.

(2) Die Teilnehmer versuchen sich der Größe nach zu ordnen, ohne von der Wippe herunterzufallen, etc.

(3) Die Teilnehmer versuchen die Varianten (1) und (2) so auszuführen, daß die Wippe nicht wippt, wobei jedoch immer gleich viele Personen auf jeder Seite stehen müssen.

ERFAHRUNGEN:

Die Wippe ist im Vergleich zu vorherbeschriebenen Spielen eine etwas schwierigere Aufgabe. Vor allem bei den Variationen ist der Plan komplexer und die Spieldauer länger.

Fortsetzung nächste Seite

Es muß abgesprochen, wer wann auf welche Position wechselt. Die Teilnehmer werden bald feststellen, daß die Aufgabe als Gruppe nicht gelöst werden kann, wenn jeder auf eigene Faust versucht, seine Position zu erreichen.

Dieses Spiel (besonders die Variationen 1 und 2) eignet sich aber auch hervorragend, um Berührungsängste innerhalb der Gruppe abzubauen. Die Wippe muß daher so schmal gewählt werden, daß die Teilnehmer auf ein Festhalten bzw. Halten anderer angewiesen sind, um die Aufgabe zu bewältigen.

# MENSCHLICHER KNOTEN

ZIEL:                  Erlernen von Problemlösungstrategien; Zusammenarbeit; Abbau von Berührungsängsten

TEILNEHMER:      10 - 14

ALTER:             ab 14 Jahre

MATERIAL:        -

BESCHREIBUNG:    Die Teilnehmer bilden einen großen Kreis, alle strecken ihre Hände nach vorne aus. Auf ein Kommando ergreift jede Hand eine fremde. Man muß nur darauf achten, daß niemand beide Hände einer Person hält. Es ist ein Knoten entstanden, der entknotet werden soll, ohne daß die Hände losgelassen werden dürfen. Manchmal entstehen ineinander verschlungene Kreise, die natürlich unentknotbar sind.

VARIATIONEN:     (1) bei kleineren Gruppen kann man diese Übung zur Erschwerung auch mit verbundenen Augen spielen.

Fortsetzung nächste Seite

125

ERFAHRUNGEN:  Es wird Teilnehmer geben, die sofort aktiv werden und versuchen, den Knoten durch spontanes Ausprobieren zu lösen. Andere wollen sich die Sache erst einmal genauer ansehen, um dann mit logischer Überlegung die Sache anzugehen.

Beide Parteien müssen einen Kompromiß zwischen spontaner Aktion und Planung schließen, damit diese Aufgabe gelöst werden kann. Um diese Zusammenarbeit zu fördern, kann der Spielleiter der Gruppe eine gewisse Planungszeit (circa 2 min) vor der aktiven Ausführung einräumen. Dieser Zeitraum sollte dann jedoch wirklich *nur* für die Planung verwendet werden.

## MENSCHLICHE PYRAMIDE

ZIEL:                          Erlernen von Problemlösungsstrategien; Zusammenarbeit; Vertrauen

Fortsetzung nächste Seite

TEILNEHMER:            10 oder 15

ALTER:                 ab 16 Jahre

MATERIAL:              -

BESCHREIBUNG:          Der Gruppenbetreuer stellt den Teilnehmern die Auf-
                       gabe, so schnell und effizient wie möglich eine sym-
                       etrische (4-3-2-1) Pyramide zu bilden. Die Übung
                       sollte auf eine Matte oder draußen auf weichem Boden
                       (Sand, Gras) durchgeführt werden.

VARIATIONEN:           Wenn die Aufgabe erfolgreich und ohne Zusammen-
                       bruch der Pyramide gelöst wurde, kann die Gruppe
                       versuchen sich in dieser Formation fortzubewegen.

ERFAHRUNGEN:           In der Präsentation der Aufgabe sollte der Leiter nicht
                       die Notwendigkeit erwähnen, daß alle Teilnehmer auf
                       ihren Händen und Füßen die Pyramide bauen. Das
                       Problem könnte nämlich auch binnen 5 Sekunden
                       gelöst werden, indem sich die erste Reihe hinlegt, die
                       zweite Reihe dahinterkniet, die dritte Reihe hockt und
                       der Letzte sich hinter diese Formation stellt. Auch das
                       würde eine akzeptable Pyramide darstellen und wirkli-
                       che Initiative bedeuten! Der Betreuer kann dies gege-
                       benfalls bei der Besprechung des Initiativspieles an-
                       sprechen.

# DER BÄR

ZIEL: Erlernen von Problemlösungstrategien; Zusammenarbeit; Förderung der Diskussionsfähigkeit

TEILNEHMER: 10 - 14

ALTER: ab 16 Jahre

MATERIAL: ein Stück Kreide oder bunter Tesafilm

BESCHREIBUNG: Für dieses Spiel braucht man einen Baum oder eine Wand in einem Gelände mit weichem Boden. Aufgabe der Gruppe ist es, an dem Baum/der Wand eine Markierung mit einer Kreide oder einem Tape so hoch wie möglich anzubringen. Der Baum kann als Hilfsmittel benützt werden, darf jedoch nicht erklettert werden. Mehr als drei Personen dürfen nicht übereinanderstehen.

VARIATIONEN: -

ERFAHRUNGEN: Auch wenn bei der Ausführung eventuell nicht alle Gruppenmitglieder beteiligt sein können, ist diese Übung dennoch ein gutes Spiel, um die Diskussionsfähigkeit und Zusammenarbeit der Gruppe zu fördern.

Fortsetzung nächste Seite

Es muß wieder einmal mehr die effektivste Methode gefunden und die richtigen Leute ausgewählt werden.

Ein großer Vorteil dieses Spieles ist, daß man wenig Material benötigt und es überall spielen kann.

Zeitvorgaben machen diese Übung sehr interessant.

# DAS RETTUNGSBOOT

Fortsetzung nächste Seite

131

ZIEL:               Erlernen von Problemlösungsstrategien; Zusammenar-
                    beit; Förderung der Diskussionsfähigkeit

TEILNEHMER:         12 - 14

ALTER:              ab 17 Jahre

MATERIAL:           eine 4 m hohe, 4 m breite und circa 15 cm dicke
                    Holzwand.

BESCHREIBUNG:       Aufgabe der Gruppe ist es, alle Teilnehmer in einer
                    halben Stunde ohne zusätzliche Hilfsmittel über die
                    Holzwand zu bringen. Als Anreiz kann der Spielleiter
                    der Gruppe erzählen, sie befände sich auf einer Ret-
                    tungsboot und sie müßten nun die Wand eines zu Hilfe
                    gekommenen Dampfers erklimmen, um nicht von den
                    Haien gefressen zu werden. Aus dieser Aufgabenstel-
                    lung heraus ergibt sich, daß niemand, der einmal in
                    den Dampfer geklettert ist, plötzlich von unten den
                    restlichen Gruppenmitgliedern helfen kann. Auch sind
                    keine anderen Hilfsmittel, wie zum Beispiel das Ver-
                    wenden von Kleidung als Seile zugelassen.

VARIATIONEN:        Der Spielleiter kann je nach Gruppe die Zeitvorgabe
                    verlängern oder verkürzen.

Fortsetzung nächste Seite

ERFAHRUNGEN: Sicherheitstechnische Erfahrungen:

- Der Spielleiter sollte niemals mehr als zwei Personen auf der Holzwand sitzend erlauben.
- Ein mit dem Kopf-nach-unten-Hängen sollte verboten werden.

Dieses Spiel wird erst am Ende interessant. Nämlich wenn es darum geht, die Letzten über die Wand zu bringen.

Hier zeigt es sich, wie gut die Vorausplanung der Gruppe ist. Wenn sie ohne Diskussion aktiv geworden war, wird sie am Schluß vor gewaltigen Problemen stehen. Es ist aber nicht Rolle des Spielleiters sie daraufhinzuweisen. Die Teilnehmer lernen durch ihr Handeln. Vielleicht kann ihnen zu einem späteren Zeitpunkt eine zweite Chance gegeben werden.

Übrigens der Rekord einer 14 teilnehmerstarken Gruppe liegt bei circa 4 Minuten.

**SPINNENNETZ**

ZIEL:                     Erlernen von Problemlösungstrategien; Zusammenar-
                          beit; Förderung der Diskussionsfähigkeit.

TEILNEHMER:               10 - 12

ALTER:                    ab 16 Jahre

MATERIAL:                 - zwei Bäume im Abstand von circa 4 m

                          - ein langes Seil oder Nylonschnur

Fortsetzung nächste Seite

BESCHREIBUNG:

Zwischen den beiden Bäumen wird ein Spinnennetz mit Hilfe des Seils gespannt. Es sollte 0.5m über dem Boden beginnen und eine Höhe von 2m haben. Je nach Teilnehmerzahl müssen zwischen 10 - 12 Löcher in dem Netz in verschiedenen Höhen vorhanden sein.

Aufgabe der Gruppe ist es, alle Teilnehmer durch die Löcher im Netz zu schleusen, wobei jede Berührung des Netzes untersagt ist.

Wenn das Netz berührt wurde, muß die gesamte Gruppe von vorn beginnen. Außerdem darf jedes Loch nur einmal benützt werden. Derjenige, der einmal durch das Netz hindurch ist, darf nicht mehr auf die andere Seite zurück, um den Restlichen zu helfen. Die Hilfe kann nur auf der Seite geschehen, auf der er sich im Moment befindet.

VARIATIONEN:

(1) Wenn jemand das Netz berührt, muß nicht die ganze Gruppe nochmal beginnen; der Betreffende bekommt stattdessen eine besondere Aufgabe: sich die Augen zu verbinden, ein Lied beim Durchsteigen des Netzes zu singen, eine oder beide Hände auf den Rücken zu binden, einen Gegenstand mit durch das Netz zu nehmen, etc.

(2) Der Spielleiter kann als zusätzliches "Loch" den Weg unter dem Netz, jedoch nicht über dem Netz anbieten.

Fortsetzung nächste Seite

ERFAHRUNGEN:    Diese Übung fördert neben dem Erlernen von Problemlösungstrategien (Aufgabe akzeptieren, Plan fassen und ausprobieren) die Zusammenarbeit und die Diskussionsfähigkeit einer Gruppe, da sie wie die anderen von einem Individuum nicht zu lösen ist.

Der Spielleiter sollte zu Beginn betonen, daß es sich bei dieser Übung um eine Gruppenaktivität handelt. Die Aufgabe ist erst erfüllt, wenn alle Gruppenmitglieder die andere Seite des Netzes erreicht haben. Es wird wahrscheinlich einige geben, die sich sofort ein für sie leichtes Loch aussuchen. Wie die restlichen Teilnehmer hinüberkommen, ist ihnen im ersten Moment nicht so wichtig.

Ansonsten kann ich diese Übung nur empfehlen, sie weckt großen Ehrgeiz, da sie am Anfang fast unmöglich zu lösen erscheint.

**GIFTFLUSS**

ZIEL:                 Erlernen von Problemlösungstrategien; Zusammen-
                      arbeit; Förderung der Diskussionsfähigkeit

TEILNEHMER:          10 - 14

ALTER:               ab 18 Jahre

Fortsetzung nächste Seite

| | |
|---|---|
| MATERIAL: | - drei 100 Liter Tonnen (Durchmesser 60cm)<br>- zwei Bretter (2m lang, 40cm breit, 7cm dick) |

BESCHREIBUNG: Der Spielleiter steckt auf einem ebenen Boden eine Strecke von circa 6m ab. Aufgabe der Gruppe ist es, mit Hilfe der Tonnen und der Bretter die markierte Distanz zu überqueren. Diese Strecke soll ein verseuchter Fluß sein, der nicht berührt werden darf, weder von den Teilnehmern noch von den Brettern. Die Tonnen sind eine Ausnahme. Die Tonnen können stehend oder liegend verwendet werden.

VARIATIONEN: (1) Personen, die mit dem vergifteten Fluß in Berührung kommen, erhalten Extraaufgaben, wie beispielsweise verbundene Augen oder das Nichtbenützen eines Beines (Armes).

(2) Gegenstände, wie zum Beispiel die Bretter, gelten als verloren, wenn sie in den "Fluß" fallen. Sie können jedoch gegen eine Extraaufgabe, die einem Gruppenmitglied auferlegt wird, eingetauscht werden.

ERFAHRUNGEN: Diese Übung ist sehr zeitaufwendig, da es kaum möglich ist, die gesamte Gruppe auf einmal über den "Fluß" zu transportieren. Wiederum muß eine Taktik ausdiskutiert, beschlossen und bei Ineffizienz verändert werden.

Fortsetzung nächste Seite

Das Spiel fördert hervorragend die Zusammenarbeit, da die Aufgabe erst erfüllt ist, wenn alle Teilnehmer die andere Seite des Flusses erreicht haben. Die Unkonzentriertheit eines Teilnehmers trifft die ganze Gruppe. Steigt er mit einem Fuß aus Versehen in den "Fluß" leidet die ganze Gruppe unter seiner Extraaufgabe.

## ELEKTRISCHER DRAHT

| | |
|---|---|
| ZIEL: | Erlernen von Problemlösungstrategien; Zusammenarbeit; Förderung der Diskussionsfähigkeit |
| TEILNEHMER: | 10 - 15 |
| ALTER: | ab 16 Jahre |
| MATERIAL: | - zwei Bäume im Abstand von circa 5 m<br>- ein circa 5 m langes Seil<br>- ein 2,00 m langes, 15cm breites und mindestens 10 cm dickes Brett |
| BESCHREIBUNG: | Das Seil wird zwischen die beiden Bäume in einer Höhe von 1,50 m gespannt. Der Spielleiter erklärt, daß es elektrisch geladen sei. Aufgabe der Teilnehmer ist es, die gesamte Gruppe von einer Seite des Seiles auf die andere zu bringen, wobei das Seil nicht berührt werden darf. Als Hilfsmittel steht das Brett zur Verfügung.<br>Die Regeln sind wie folgt:<br>- Wenn ein Teilnehmer den "Draht" berührt, muß er neu beginnen. Für jeden anderen Teilnehmer, der denjenigen zu diesem Zeitpunkt berührt hat, gilt das Gleiche; gleichgültig, ob er bereits auf der anderen Seite war oder nicht. |

Fortsetzung nächste Seite

- Wenn das Brett den "Draht" berührt, müssen die, die das Brett gehalten haben, von vorn beginnen.
- Die Bäume, um die das Seil gespannt ist, stehen ebenfalls "unter Strom".

Fortsetzung nächste Seite

141

VARIATIONEN:

(1) Der "elektrische Draht" kann mit Hilfe eines dritten Baumes als Dreieck gespannt werden. Alle Teilnehmer müssen in die innere Fläche des Dreiecks gelangen.

(1.1) Bei dieser Variante ist es auch möglich, das Seil in unterschiedlichen Höhen zu spannen (zum Beispiel von Baum A zu B eine Höhe von 1.50 m, von B zu C eine Höhe von 1.40 m und von C zu A eine Höhe von 1.30 m). Der Spielleiter kann je nach Gruppenzusammenstellung bestimmen, wieviele Teilnehmer über das niedrig, wieviele über das 1.30m hoch gespannte Seil hinüberdürfen.

(2) Anstelle eines Neubeginns bei Kontakt mit dem Draht, können den "Sündern" Aufgaben, wie zum Beispiel Augenverbinden auferlegt werden.

ERFAHRUNGEN:

Die Problemstellung bei dieser Übung fordert die Überlegung, wie die letzte Person die andere Seite des "Drahtes" erreichen kann. Gruppen, die wild drauflosarbeiten, werden sich sehr schnell vor diesem Problem sehen. Es müssen also sowohl eine Taktik als auch Personen nach besonderen Eigenschaften diskutiert und ausgewählt werden.

Fortsetzung nächste Seite

Das gilt auch bei der Variante 1.1.. Wenn der Spielleiter zum Beispiel erlaubt, daß eine Person über das niedrig gespannte, der Rest aber über das hoch gespannte Seil die innere Fläche erreichen müssen, so gilt es auch hier eine sinnvolle Taktik zu finden.

Diese Übung gleicht sehr der des Spinnennetzes, ist aber leichter auf- bzw. abzubauen und eignet sich daher für nicht feste Standorte (zum Beispiel bei Ferienlagern).

## AMAZONAS

ZIEL:                 Erlernen von Problemlösungsstrategien; Zusammenar-
                      beit; Förderung der Diskussionsfähigkeit

TEILNEHMER:           10 - 14

ALTER:                ab 18 Jahre

MATERIAL:             - ein Seil mit einem Durchmesser von mind. 1,5 cm
                      - ein Brett aus hartem Holz (3m x 20 cm x 5cm)
                      - eine (Hartholz- oder Stahl-)Stange mit einem Min-
                        destdurchmesser von 4cm
                      - ein ungefähr 2,5m langer Stecken
                      - ein Eimer mit Henkel

BESCHREIBUNG:         Für diese Übung benötigt man eine pflanzenfreie
                      Böschung (ca. 1,20m hoch), die das Ufer eines Flus-
                      ses darstellen soll. Aufgabe der Gruppe ist es, den
                      Eimer, der ca. 5,5m von der Böschung entfernt, im
                      "Flußbett" liegt mit Hilfe des Seil, des Brettes, der
                      Stange und des Steckens ans Ufer zu holen. Um das
                      Spiel ein wenig spannender zu machen, kann der Be-
                      treuer den Teilnehmern erzählen, daß der Eimer eine
                      Frau ist, die im Amazonas von Krokodilen bedroht

Fortsetzung nächste Seite

144

wird und gerettet werden muß. Dabei gibt es jedoch eine Regel zu beachten: Wenn ein Teilnehmer oder ein Hilfsmittel den Boden zwischen Böschung und Eimer berührt, muß von vorne begonnen werden.

VARIATIONEN:           -

Fortsetzung nächste Seite

ERFAHRUNGEN:     Auch bei diesem Spiel geht es zuerst darum, eine
Taktik auszuwählen und den einzelnen Teilnehmern,
ihren Kompetenzen entsprechend, Verantwortungs-
bereiche anzuvertrauen. Bei der eigentlichen Ausführung dieser Aktivität muß die theoretisch besprochene
Aufgabenverteilung von jedem Einzelnen konzentriert
wahrgenommen werden, damit das gemeinsame Ziel
erreicht werden kann.

## ZICK ZACK

ZIEL:              Erlernen von Problemlösungsstrategien; Abbau von
                   Berührungsängsten

TEILNEHMER:        10 - 14

ALTER:             ab 16 Jahre

MATERIAL:          2 Bretter mit der Länge von 2,5m;
                   1 Brett mit der Länge von 2,7m;
                   5 in den Boden gerammte Pfosten;

Fortsetzung nächste Seite

Konstruktion:

- Der Abstand AB und CD beträgt 2,5m, der Abstand
  BC und DE 2,7m;
- Die Pfosten werden im Zickzack aufgestellt;
- Der Abstand AB un CD sollte kleiner sein als DE,
  so daß nur das Brett BC in DE paßt.
- Die Pfosten sollten 30 cm aus dem Boden heraus-
  ragen und mindestens 1m tief eingegraben sein. Am
  oberen Ende sind sie so eingekerbt (mit Säge oder
  Meißel), daß die Bretter senkrecht hineinpassen.

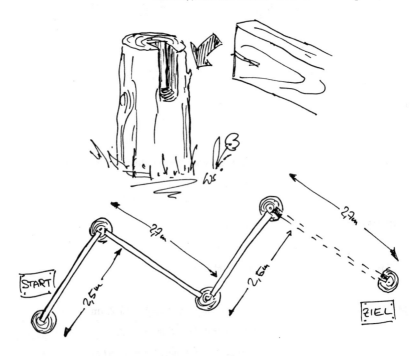

Fortsetzung nächste Seite

BESCHREIBUNG:           Aufgabe der Gruppe ist es, die gesamte Gruppe von
                        Punkt A zu Punkt E zu transprotieren ohne daß der
                        Boden berührt wird. Die Bretter müssen in die Kerben
                        eingelegt werden, dürfen also nicht flach auf den
                        Pfosten liegen. Wenn jemand den Boden berührt wird
                        die Gruppe entweder mit einer Zeitstrafe belegt oder
                        muß von vorne beginnen.

VARIATIONEN:            -

ERFAHRUNGEN:            Diese Übung eignet sich aufgrund des Aufbauaufwan-
                        des nicht für mobile Kurse.

# SEILQUADRAT

ZIEL:                Erlernen von Problemlösungstrategien; Zusammenarbeit; Förderung des Diskussionsfähigkeit

TEILNEHMER:         10 - 14

ALTER:              ab 16 Jahre

MATERIAL:         - ein ungefähr 20m langes, an den Enden zusammen-
geknotetes Seil
- Schals oder ähnliches zum Augenverbinden

BESCHREIBUNG:     Allen Teilnehmern werden die Augen verbunden. Das
Seil wird auf den Boden gelegt, die Teilnehmer einzeln dorthin geführt. Jeder Person wird ein Teil des
Taues in die Hand gegeben. Aufgabe ist es, ein Quadrat zu bilden, wobei das Seil gespannt sein muß. Alle
Teilnehmer müssen das Seil ständig mit mindestens
einer Hand festhalten, die Positionen dürfen jedoch
verändert werden.

Fortsetzung nächste Seite

VARIATIONEN:

(1) bei andauerndem Mißerfolg kann der Spielleiter einem aus der Gruppe erlauben, das Tau loszulassen, um die Positionen der anderen durch Abgehen zu erkunden.

(2) wenn nur einige wenige die Organisation übernehmen, kann der Spielleiter diesen durch Zuflüstern das Reden untersagen. Der Witz dabei ist es, daß die anderen Gruppenmitglieder nichts davon wissen und nun auf eigene Initiative hin aktiv werden müssen.

(3) Die Länge des Seils kann je nach Alter oder Erfolg der Gruppe verändert werden.

ERFAHRUNGEN:

Gerade weil dieses Spiel so einfach klingt, weckt es den Ehrgeiz von fast jeder Gruppe. Durch die beiden oben angeführten Variationsmöglichkeiten ist es vom Spielleiter gut kontrollierbar. Selbst wenn eine Gruppe diese Aufgabe nicht lösen kann, ist das Ziel, das mit ihr verfolgt wurde, sicherlich erreicht: Erlernen von Problemlösungsstrategien durch Diskussion. Die Teilnehmer sind auf ein Zuhören bzw. durch ein Gehörtwerden angewiesen, da ihre Gesten von den anderen nicht gesehen werden können.

# SÄURETEICH

ZIEL:                          Erlernen von Problemlösungstrategien; Zusammen-
                               arbeit; Förderung der Diskussionsfähigkeit

TEILNEHMER:                    10 - 14

ALTER:                         ab 18 Jahre

MATERIAL:                      - ein Baum oder jede andere besteigbare stabile Platt-
                                 form, an der ein Seil befestigt werden kann
                               - ein Kletterseil (30m)
                               - ein Seil (20m)
                               - ein Klettergurt mit Karabiner
                               - ein Kletterhelm
                               - ein Gegenstand (zum Beispiel Apfel)
                               - ein Tuch zum Augenverbinden

BESCHREIBUNG:                  Das Seil wird an den Enden zusammengeknotet und
                               vor dem Baum als Kreis ausgelegt. In den Mittelpunkt
                               wird der Apfel gestellt.
                               Aufgabe der Gruppe ist es, mit Hilfe des Kletterseils,
                               des Klettergurtes mit Helm und des Baumes den Apfel
                               innerhalb einer halben Stunde aus dem Kreis zu holen.
                               Der Kreis stellt einen Teich mit giftiger Säure dar.

Fortsetzung nächste Seite

kürzung oder andere Auflagen (Augenverbinden der betreffenden Person, Hände auf den Rücken binden, etc.) zur Folge.

Die gängigste Lösung ist, ein Ende des Kletterseils in einer maximalen Höhe von 2,50m am Baum zu befestigen (der Knoten sollte auf alle Fälle vom Betreuer überprüft werden). Eine Person legt Klettergurt und Helm an, besteigt den Baum und klinkt den Karabiner in das Kletterseil ein. Der Rest der Gruppe hält das Kletterseil über den Kreis hinweg gestrafft. Nun kann sich die Person am Kletterseil in Richtung Apfel hinunterhangeln und ihn aufnehmen.

Fortsetzung nächste Seite

VARIATIONEN: (1) Es ist eine sehr interessante Erschwerung der Aufgabe, der Person im Klettergurt die Augen zu verbinden.

(2) Je nach Gruppe kann der Spielleiter die Zeitvorgabe verlängern oder verkürzen.

ERFAHRUNGEN: Dieses Spiel verlangt Einfallsreichtum der Gruppe. Es gilt eine Taktik und die geeignete Person für die Aufgabe im Klettergurt zu finden. Die wichtigste Funktion des Betreuers oder Spielleiters liegt in der Sicherheitsüberwachung. Er hat darauf zu achten, daß das Kletterseil richtig an den Baum geknotet ist und daß sowohl Klettergurt als auch Helm ordnungsgemäß angelegt sind.

Man sollte dieses Spiel auf keinen Fall mit Kindern unter 18 Jahren spielen. Der Betreuer müßte voraussichtlich aus sicherheitstechnischen Gründen oft eingreifen und würde so die Eigeninitiative der Teilnehmer unterdrücken. Damit wäre der Zweck des Spieles verfehlt.

# VERKEHRSSTAU

ZIEL:                    Erlernen von Problemlösungsstrategien; Zusammenarbeit; Förderung der Diskussionsfähigkeit

TEILNEHMER:              10 - 14

ALTER:                   ab 18 Jahre

MATERIAL:                Stecken, Hölzer, Kreide, Tapestreifen, etc., um Quadrate am Boden zu markieren.

BESCHREIBUNG:            Der Spielleiter malt in einer Linie Quadrate auf den Boden, die jeweils einen Schritt voneinander entfernt sind. Die Anzahl der Quadrate bestimmt sich nach der Anzahl der Teilnehmer. Es muß ein Quadrat mehr als Teilnehmer vorhanden.

Die Gruppe teilt sich in zwei Gruppen mit gleicher Anzahl auf. Zu Beginn stellt sich die eine Gruppe auf die Quadrate, die links vom mittlerem Quadrat liegen, die andere Gruppe rechts davon. Das mittlere Quadrat bleibt frei. Alle Teilnehmer stehen mit dem Gesicht zum mittleren Quadrat.

Fortsetzung nächste Seite

155

Aufgabe der gesamten Gruppe ist es, ihre Plätze so zu tauschen, daß bei Beendigung des Spieles die Person, die zu Beginn ganz links stand, nun ganz rechts steht. Die Person, die als zweite von links stand, muß jetzt zweite von rechts sein usw.. Dabei sind jedoch einige Regeln zu beachten:

(1) Eine Person darf in den freien Raum vor ihr rükken.

(2) Eine Person darf um eine Person herum auf ein freies Quadrat rücken, wenn die Person vor ihr in der entgegengesetzten Richtung steht.

(3) Niemand darf rückwärts gehen.

(4) Niemand darf um eine Person herumgehen, auf deren Rücken er blickt.

(5) Zwei Personen dürfen sich nicht gleichzeitig bewegen.

VARIATIONEN:

Fortsetzung nächste Seite

156

ERFAHRUNGEN: Wenn die Lösung für dieses Problem gefunden worden ist, wird die Gruppe herausgefunden haben, daß es zu Anfang sinnvoll ist, über ein Problem zu diskutieren und eine theoretische Lösung zu finden, dann aber effizienter ist, wenn nur eine Person die Anweisungen für deren praktische Ausführung gibt. Der Gruppenbetreuer kann die Übung unter dieser Bedingung wiederholen lassen und danach eine Diskussion anregen, welche Kriterien einen guten Leiter auszeichnen.

## SCHIFFBRUCH

ZIEL:                Förderung der Diskussionsfähigkeit; Erlernen von Problemlösungsstrategien

TEILNEHMER:          10 - 14

ALTER:               ab 18 Jahre

MATERIAL:            -

BESCHREIBUNG:        Der Gruppenleiter erzählt den Teilnehmern folgende Geschichte: Das Boot der Gruppe hat Schiffbruch erlitten. Es steht nur ein Rettungsboot, das sechs oder zehn (je nach Anzahl der Teilnehmer) Personen fassen kann, zur Verfügung. Jeder Teilnehmer wählt eine fiktive Person (z.b. ein Doktor, eine Prostituierte, eine Mutter mit Kind, ein Mathematikprofeesor usw.), deren Eigenschaften er sich selbst zusammenstellen soll. Diese fiktiven Personen haben die unterschiedlichsten Fähigkeiten und Hintergründe. Jeder sollte zumindest eine positive und eine negative Eigenschaft besitzen (z.b. der Doktor bleibt nur, wenn seine an Krebs leidende Frau bleiben darf). Diese können schriftlich festgehalten werden.

Fortsetzung nächste Seite

Jedes Gruppenmitglied muß nun dafür argumentieren, warum gerade seine Person überleben sollte. Die Gruppe muß zum Schluß entscheiden, wer bleiben darf und wer gehen muß. Selbstmorde und Morde sind verboten.

VARIATIONEN: Der Gruppenleiter kann während der Diskussion der ursprünglichen Situation Unfälle und andere Vorkommnisse hinzufügen.

ERFAHRUNGEN: Der Betreuer sollte sich den Verlauf der Diskussion notieren; besonders wichtig sind die Punkte wann und mit welchen Argumenten jemand von sich ablenken konnte, zum Gehen verurteilt wurde usw. Außerdem diskutiert werden, wie die Gruppe zu der Entscheidung gelangt ist (durch Mehrheitsbeschluß?), welche Person eher eine aktive oder passive Rolle gespielt hat, wer zufrieden mit seiner Rolle war etc.

# 2 x 4

| | |
|---|---|
| ZIEL: | Erlernen von Problemlösungsstrategien; Förderung der Diskussionsfähigkeit; Zusammenarbeit |
| TEILNEHMER: | 8 (4 Männer, 4 Frauen) + x-Berater |
| ALTER: | ab 16 Jahre |
| MATERIAL: | - |
| BESCHREIBUNG: | Der Gruppenbetreuer bittet die 8 Teilnehmer sich in einer Reihe Schulter an Schulter aufzustellen und zwar abwechselnd weiblich und männlich. Die Aufgabe ist gelöst, wenn am Ende der Übung auf der einen Seite die Männer stehen und auf der anderen die Frauen. Zu beachten sind dabei folgende Regeln: |

Zu beachten sind dabei folgende Regeln:

- so wenig Wechsel wie möglich
- Alle Wechsel müssen paarweise erfolgen (ein Paar: zwei Personen, die nebeneinanderstehen: Mann und Frau, Frau und Frau, Mann und Mann)
- Wenn ein Paar wechselt, bleibt ein Platz in der Reihe frei, der von einem anderen Paar eventuell wieder besetzt werden kann.
- Die Reihenfolge innerhalb eines Paares darf beim Wechsel nicht getauscht werden.

Fortsetzung nächste Seite

- Bei Abschluß der Übung darf in der Reihe keine Lücke sein.

Die Mindestanzahl von Wechseln liegt bei vier. Man sollte dieses Minimum aber nicht erwähnen, bevor die Gruppe den ersten Versuch abgeschlossen hat. Die Lösung sieht folgendermaßen aus:

```
m w m w m w m w
1 ( 2 3 ) 4 5 6 7 8 I
```

```
m   w m w m w w m
1 II 4 ( 5 6 ) 7 8 2 3
```

```
m m w w   m w w m
1 5 6 4 III 7 ( 8 2 ) 3
```

```
m m w w w w m   m
( 1 5 ) 6 4 8 2 7 IV 3
```

```
w w w w m m m m
6 4 8 2 7 1 5 3
```

VARIATIONEN:

Fortsetzung nächste Seite

ERFAHRUNGEN:   Mädchen können Jungen darstellen und umgekehrt, falls die Gruppe nicht aus der gleichen Anzahl weiblicher und männlicher Mitglieder besteht.

Wenn eine Gruppe wegen Erfolgslosigkeit frustriert ist, kann der Betreuer ihnen den ersten richtigen Wechsel zeigen.

Wenn der Betreuer die Lösung vergessen hat oder es versäumt hat, sie auf seine Handinnenflächen zu schreiben, muß er abwarten bis die Gruppe auf die richtige Spur kommt. Kommen die Teilnehmer nicht auf die Lösung, kann er die Übung abbrechen und der Gruppe vorschlagen, nocheinmal darüber zu schlafen.

# ZELTBAU (blind)

ZIEL:                    Erlernen von Problemlösungsstrategien; Zusammenar-
                         beit; Förderung der Diskussionsfähigkeit

TEILNEHMER:              6 - 8

ALTER:                   ab 15 Jahre

MATERIAL:                ein Dreieckszelt mit Zubehör (Verpackungstasche,
                         Zeltteil, Überzelt, Stangen, Heringe, Schnüre)

BESCHREIBUNG:            Allen Teilnehmern werden die Augen verbunden.
                         Dann gibt ihnen der Spielleiter das verpackte Zelt.
                         Aufgabe der Gruppe ist es, das Zelt aufzustellen.

VARIATIONEN:             (1) wie schon beim "Seilquadrat" (S. 150) beschrie-
                         ben, kann der Spielleiter das Spiel kontrollieren,
                         indem er die Organisationstalente leise bittet, nichts
                         mehr zu sagen. Dadurch bekommen auch die etwas
                         unsichereren Teilnehmer die Chance, an der Organisa-
                         tion mitzuwirken.

Fortsetzung nächste Seite

(2) bei einer Gruppe ab 18 Jahren kann der Spielleiter Stangen und Heringe vorher aus der Verpackung entfernen. Es ist nun eine zusätzliche Herausforderung an die Teilnehmer, sich entsprechende Materialien aus der Umgebung zu suchen, wie zum Beispiel Äste, Zweige oder Steine (natürlich auch mit verbundenen Augen!).

ERFAHRUNGEN: Diese Aufgabe erscheint den meisten Gruppen anfangs als unlösbar, da sie nicht genau wissen, wie das Zelt in seiner Endform aussehen soll (sie haben ja nur die Verpackung gesehen). Daher empfiehlt es sich auch, das herkömmliche Dreieckszelt zu verwenden; den meisten ist die Aufbaustruktur eines solchen Zeltes bekannt. Das ist bei "Igluzelten" oft nicht der Fall. Wenn man jedoch nur dieses zur Verfügung hat, sollte man den Teilnehmern zeigen, welche Einzelteile sie zur Verfügung haben und ihnen erst dann die Augen verbinden.

Generell kann gesagt werden, daß jeder Beteiligte erstaunt sein wird, wie gut das Zelt aufgebaut worden ist, wenn sich die Gruppe vorher einen Plan überlegt hat, wer für welche Aufgabe verantwortlich ist.

**POLAROIDKAMERA**

ZIEL:               Zusammenarbeit

TEILNEHMER:         10 - 14

ALTER:              ab 16 Jahre

Fortsetzung nächste Seite

MATERIAL: eine Sofortbildkamera mit Film

BESCHREIBUNG: Die Gruppe bekommt die Aufgabe mit Hilfe der Kamera ein Photo von sich zu schießen. Auf dem Photo müssen weitere 20 Personen sein, die bestimmte Eigenschaften aufweisen, wie zum Beispiel:
- 2 über 60 Jährige,
- 2 unter 3 Jahren (mit Müttern/Vätern),
- Personen mit bestimmten Berufen (1 Architekt, 1 Arbeitsloser, 1 Hausfrau, 1 Sekretärin, 1 Lehrer),
- 2 Frauen mit Zöpfen,
- 2 Männer mit Bärten usw.

VARIATIONEN: Der Gruppenleiter kann Anzahl und Auswahl der Personen je nach den Möglichkeiten der Umgebung verändern.

ERFAHRUNGEN: Ich selbst habe noch keine Erfahrungen mit diesem Spiel gemacht. Es wurde bei einer Fachtagung zur Erlebnispädagogik von einem Vertreter der belgischen City Bound Schule (eine Einrichtung für Erlebnispädagogik in der Stadt) vorgestellt. Es eignet sich für Kurse, die nicht in abgeschiedener Wildnis stattfinden. Ich denke, daß auf alle Fälle in einer Nachbesprechung Fragen diskutiert werden sollten, wie: "Wie motiviere ich Personen mitzumachen?", "Wie organisiere ich so viele Menschen?" etc.

## 2.3. Nachbesprechungsspiele

# METAPLAN

ZIEL:      Bewußtmachen und Aussprechen von Ängsten bzw.

positiven Erwartungen bezüglich einer auszuführenden

Aktivität

TEILNEHMER:      bis zu 15

ALTER:      ab 14 Jahre

MATERIAL:     
- 15 Stifte
- 30 rote Karteikarten oder Zettel
- 30 grüne Karteikarten oder Zettel
- ein circa 1m x 2m großes Stück Papier, Tafel oder
  Pinwand
- Klebeband (Tesa)

BESCHREIBUNG:      Der Spielleiter bittet die Teilnehmer ihre Ängste vor

einer Aktivität auf die roten Karteikarten zu schreiben,

ihre positiven Erwartungen auf die grünen. Auf Ver-

langen kann dies anonym geschehen. In diesem Fall

werden alle Karten eingesammelt und gemischt. Ein

Teilnehmer liest die Karten laut vor, und die Gruppe

versucht, diese nach Inhalten zu sortieren. Die jeweils

inhaltsgleichen bzw -ähnlichen Karten werden auf dem

großen Stück Papier nebeneinander geklebt.

Fortsetzung nächste Seite

So gibt es vielleicht ein Feld mit den Erwartungen und Befürchtungen "Wetter", eines mit "Anstrengung", eines mit "Auskommen mit anderen Gruppenmitgliedern", usw.

Dann werden die einzelnen Erwartungen bzw. Befürchtungen diskutiert.

Nach der Aktivität kann das Papier (Metaplan) erneut hervorgeholt und besprochen werden, inwieweit die Erwartungen zugetroffen haben.

VARIATIONEN:            -

ERFAHRUNGEN:            Bei diesem Spiel können sich die einzelnen Gruppenmitglieder ihrer Ängste bewußt werden, wobei sie feststellen, daß sie mit ihren Befürchtungen nicht alleine sind. Dem Gruppenleiter bietet es die Möglichkeit, sein Programm den Bedürfnissen der Teilnehmer entsprechend zu gestalten. Außerdem kann er durch diese Übungen Situationen, bei denen es zu Schwierigkeiten kommen könnte, besser voraussehen und auf diese angemessen reagieren.

**WAPPEN**

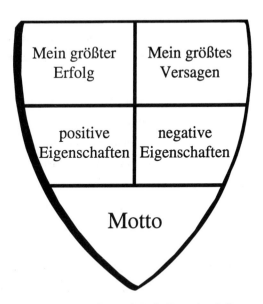

| Mein größter Erfolg | Mein größtes Versagen |
|---|---|
| positive Eigenschaften | negative Eigenschaften |

Motto

ZIEL:               Bewußtwerden und Enthüllung des Selbst

TEILNEHMER:        1 bis unbegrenzt

ALTER:              ab 16 Jahre

MATERIAL:          pro Teilnehmer Papier und Stift

BESCHREIBUNG:      Teilnehmer sollen ihr persönliches Wappen zeichnen.
                   Danach werden die einzelnen Zeichnungen diskutiert.

Fortsetzung nächste Seite

Beispiele:

- Mein größter Erfolg in diesem Kurs/Jahr/Leben
- Mein größtes Versagen in diesem Kurs/Jahr/Leben
- Hoffnung für das nächste Jahr
- Hoffnung für die nächsten 10 Jahre
- Motto
- positive Eigenschaften
- negative Eigenschaften

VARIATIONEN:    Die Teilnehmer können auch ein Wappen für die ganze Gruppe entwerfen.

ERFAHRUNGEN:    Dieses Spiel ist vorallem für die Endphase eines Kurses geeignet, wenn es darum geht Schlüsse aus dem Erlebten für die Zukunft zu ziehen. Indem der Betreuer den Gruppenmitgliedern hilft diese Gedanken zu verbalisieren, werden die Erfahrungen in das Bewußtsein gehoben.

# WERBUNG

ZIEL:                     Aufbau von Vertrauen, positives Feedback

TEILNEHMER:               10 - 14

ALTER:                    ab 16 Jahre

MATERIAL:                 pro Teilnehmer Papier und Stift

BESCHREIBUNG:             Jeder Teilnehmer schreibt auf ein Blatt Papier eine
                          Werbeanzeige über sich selbst, in der er sich als
                          Freund beschreiben und verkaufen möchte. Als An-
                          haltspunkt kann die Frage dienen: Warum sollte einer
                          als Freund mich lieber kaufen wollen als jemand
                          anderen?
                          Dann werden die Zettel von dem Betreuer eingesam-
                          melt und einzeln vorgelesen, wobei die Gruppe raten
                          muß, wer welche Anzeige geschrieben hat. Dabei ist
                          es wichtig, daß jede Schätzung begründet wird (woran
                          man erkennt, daß dies eine bestimmte Person ge-
                          schrieben hat).

Fortsetzung nächste Seite

VARIATIONEN:

(1) Anstatt einer Anzeige, die den Teilnehmer als wertvollen Freund anpreisen können auch Anzeigen verwendet werden, in denen sich die einzelnen Mitglieder als Eltern, Lehrer, Schüler, Sohn/Tochter, Geliebte(r) verkaufen wollen.

(3) Anstatt sich verkaufen zu wollen, können die Teilnehmer Selbstbeschreibungen abgeben (das muß natürlich vorher festgelegt werden). Die Beschreibung muß so verfaßt sein, daß sie auf keine andere Person in der Gruppe zutreffen kann. Es ist besser Eigenschaften und Ideen der Person beschreiben zu lassen als physische Merkmale.

ERFAHRUNGEN:

Man kann die Teilnehmer zu Beginn einer erlebnispädagogischen Maßnahme bitten, diese Anzeigen zu verfassen und sie dann später (nach zwei bis drei Tagen oder bei Kursende) besprechen. Auf alle Fälle sollte sich die Gruppe bei einer Besprechung der Werbungen schon einige Zeit kennen, um ein Urteil fällen zu können.

# TEAMARBEIT

ZIEL:                    Selbstkritik

TEILNEHMER:              bis zu 15

ALTER:                   ab 14 Jahre

MATERIAL:                - Stift
                         - Papier

BESCHREIBUNG:            Der Spielleiter bittet die Teilnehmer, einen Katalog
                         von Faktoren zu nennen, die zur Teamarbeit beitra-
                         gen.
                         Die Liste könnte folgendermaßen aussehen:
                         - Ehrlichkeit
                         - Toleranz
                         - Einsicht
                         - Helfen/Hilfsbereitschaft
                         - Zuhören
                         - Geduld
                         - Absprache
                         - Wechseln der Arbeitsfunktionen
                         - Verantwortungsgefühl
                         - Selbstdiziplin
                         - Vertrauen

Fortsetzung nächste Seite

- Taktgefühl/Höflichkeit

- Verständnis

- Timing

- Konzentration

- Rücksicht

- Diskussionsbereitschaft

- Kommunikation

- Kooperation

- Mitgefühl

- Organisation, usw.

Eine Liste sollte von der Gruppe selbständig zusammengestellt werden und mindestens 10 Faktoren enthalten.

Der Betreuer befragt nun jedes Gruppenmitglied einzeln:

a. in welchen Punkten es besonders zu einer guten Zusammenarbeit beigetragen hätte,

b. in welchen es versagt hätte,

c. in welchen die ganze Gruppe sich bei der nächsten Aktivität noch verbessern müßte.

Dabei sind nur wirklich signifikante Faktoren zu nennen, vielleicht jeweils zwei zu a., b. und c..

Fortsetzung nächste Seite

VARIATIONEN: Als gute Variante bietet es sich an, diese Liste vor einer Aktivität zu erstellen und nach deren Ausführung nachzubesprechen. Sie bietet so schon während der Aktion gute Anhaltspunkte, auf welches Verhalten Wert gelegt wird.

ERFAHRUNGEN: Auch dieses Spiel wird zu Beginn als schwierig empfunden. Es ist aber eine hervorragende Übung zur konstruktiven Selbstkritik. Das Verhalten wird nach jeder Aktivität überdacht und bietet so die Möglichkeit zur Veränderung. Je früher man diese Übung mit der Gruppe macht, desto besser.

Es besteht die Gefahr, daß Äußerungen - vor allem bei den Punkten a. und b. - verallgemeinert werden ("Also das mit der Toleranz hat ja nicht so geklappt".) Ein einfaches "Gegenmittel" hierfür ist es, den Teilnehmern ausschließlich nur die "ich" - Form zu erlauben; in dem genannten Fall: "Ich war nicht tolerant."

## EFFEKTIVE ARBEIT

ZIEL: Verständnis, aus welchen Faktoren sich effektive Arbeit zusammensetzt; Selbstkritik

TEILNEHMER: bis zu 15

ALTER: ab 14 Jahre

MATERIAL: - Stift
- Papier

BESCHREIBUNG: Der Spielleiter zeichnet ein Diagramm auf, welches als x-Achse das Maß der Aktion zeigt und als y-Achse das der Gedanken. Er stellt an die Teilnehmer nun folgende Fragen:

"Was passiert, wenn Ihr viel über eine Sache nachdenkt, aber nicht handelt?" Die richtige Antwort wäre:"Es bleibt bei einer guten Absicht."

"Was passiert, wenn ihr ein hohes Maß an Aktion aufweisen könnt, jedoch nicht viel dabei überlegt?" "Man rennt wie kopflose Hühner herum."

"Was passiert, wenn ihr weder aktiv werdet noch Überlegungen anstellt." "Nichts, das kann man vergessen."

"Was aber ist, wenn man bei einer Aufgabe zuerst nachdenkt und dann handelt?" "Effektive Arbeit."

Fortsetzung nächste Seite

178

Das fertige Diagramm müßte nach diesem Schema am Schluß folgendermaßen aussehen:

VARIATIONEN:    Auch diese Übung eignet sich als Vorbereitung auf eine Aktion.

ERFAHRUNGEN:    Dieses Diagramm ist eine einfache Veranschaulichung der beiden Faktoren für eine effektive Arbeit. So ist es nach einer Aktivität leicht nachzuprüfen, ob sie effektiv ausgeführt wurde oder ob sie noch verbesserungsmöglich ist. Diese Übung eignet sich besser für die gesamte Gruppe als für eine Besprechung, wie sich der Einzelne verhalten hat. Für eine solche Reflexion ist sie zu oberflächig.

## ÄRGER UND FREUDE

ZIEL:                 Ausdruck von Gefühlen, Aufbau von Vertrauen

TEILNEHMER:           mindestens 6

ALTER:                ab 16 Jahre

MATERIAL:             -

BESCHREIBUNG:         Die Teilnehmer sitzen in einem Kreis. Jede Person gibt ein Statement ab, indem sie mit den Worten "Ich ärgere mich, daß ..." beginnt.

Danach wird die Runde mit "Ich freue mich, daß ..." wiederholt.

Es ist jedem erlaubt zu sagen: "Ich passe", was bedeutet, daß er keinen Kommentar abgeben möchte oder aber auch "mich ärgert nichts" bzw. "ich bin über nichts erfreut".

Während der Übung sind Kommentare verboten.

Nachdem alle Teilnehmer das Wort gehabt haben, sollte Zeit und Raum zur Diskussion gegeben werden.

VARIATIONEN:         (1) Notfalls, bei starken Hemmungen der Gruppe über die Empfindungen offen zu sprechen, kann man anfangs diese Übung auch schriftlich durchführen;

Fortsetzung nächste Seite

ERFAHRUNGEN:     Diese Übung erscheint simpel, ist aber in Wirklichkeit eines der schwierigsten und Nachbesprechungsspiele in diesem Buch. Man sollte es im Verlauf eines Kurses/Maßnahme öfters spielen, denn mit zunehmender Vertrautheit erhöht sich auch die Bereitschaft der Teilnehmer offen über ihre Gefühle zu reden bzw. die Kritik der anderen zu akzeptieren.

## GRUPPENMORALDIAGRAMM

ZIEL:  Diskussionsfähigkeit; Akzeptanz der Gefühle anderer mit Kompromißlösung; Erkennen, wann assoziales Verhalten entsteht

TEILNEHMER:  10 - 14

ALTER:  ab 18 Jahre

MATERIAL:  am besten eignet sich eine Tafel und ein Stück Kreide; falls dies nicht vorhanden ist, genügt ein großes Blatt Papier und ein dicker Filzstift.

BESCHREIBUNG:  Bei dieser Nachbesprechung versucht der Gruppenleiter die Gruppenmoral während einer Aktivität zu erfahren. Diese Übung eignet sich vor allem für Unternehmungen, die längere Zeit angedauert haben. Der Betreuer malt ein Diagramm mit einer vertikalen und einer horizontalen Achse an die Tafel. Die horizontale Achse ist aufgeteilt in die Anzahl der Tage der zu besprechenden Aktivität, wobei man die Tage selbst wiederum in bestimmte Zeitabschnitte unterteilen kann (zum Beispiel vormittags, nachmittags, nachts). Die vertikale Achse enthält die Bewertungsskala, die mit Null den absoluten Tiefpunkt und mit zehn den Höhepunkt der Gruppenmoral festsetzt.

Fortsetzung nächste Seite

Aufgabe der Gruppe ist es, ein Diagramm zu zeichnen, indem sie zum Beispiel den ersten Morgen der Unternehmung diskutieren und einen Bewertungspunkt in das Diagramm einzeichnen. So verfahren sie mit allen Tagesabschnitten. Zum Schluß verbinden sie die einzelnen Punkte.

Danach kann über die Gründe für den absoluten Tief- und Höhepunkt diskutiert werden.

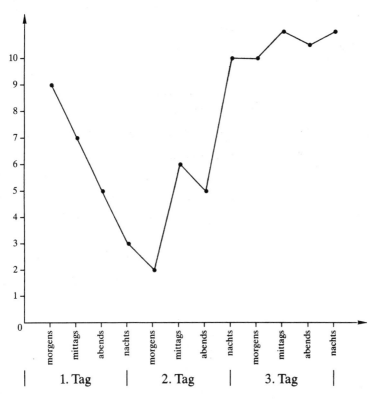

Fortsetzung nächste Seite

VARIATIONEN:          -

ERFAHRUNGEN:        Die Gruppe wird erstaunt sein, wie sehr diese Kurve schwanken wird.

Es ist am schnellsten und einfachsten für die Gruppe einen einheitlichen Bewertungspunkt pro Zeitabschnitt zu finden, wenn jeder Teilnehmer seine Wertung abgibt, man diese zusammenzählt und durch die Anzahl der Teilnehmer teilt. Trotzdem sollte der Betreuer Diskussionen über Zeiteinheiten fördern, bei denen die Bewertungen der einzelnen Teilnehmer weit auseinanderdriften. Es wird für die anderen Gruppenmitglieder interessant sein, daß jemand die Situation ganz anders erlebt hat.

Meistens stellt sich heraus, daß der Tiefpunkt der Gruppe auf mangelnde Teamarbeit zurückzuführen ist. Die schlechte Zusammenarbeit ist dann oft auf äußere Einflüsse, wie zum Beispiel Wetter oder Tageszeit zurückzuführen. Wenn die Gruppe zu diesem Ergebnis kommt, sollte der Betreuer darauf hinweisen, daß die Zusammenarbeit gerade dann wichtig ist, wenn äußere Umstände wie schlechtes Wetter diese erschweren.

## STRASSENKARTE

ZIEL: Selbstkritik; Ausdrücken der eigenen Gefühle

TEILNEHMER: 10 - 14

ALTER: ab 18 Jahre

MATERIAL:
- eine Tafel
- ein Stück Kreide
- ein Schwamm

Falls keine Tafel vorhanden ist, kann auch ein Stift und ein Blatt Papier pro Person verwendet werden.

BESCHREIBUNG: Aufgabe jedes einzelnen Teilnehmer ist es, nacheinander eine Straßenkarte auf die Tafel zu zeichnen, die den "Weg" beschreibt, den der Betreffende bei einer Aktivität ging. Dazu sollte er die einzelnen "Schritte" erklären.

VARIATIONEN: (1) Die gesamte Gruppe kann wie beim Diagramm der Gruppenmoral (S. 182) eine gemeinsame Straßenkarte erstellen. Es gilt darzustellen, wie die gesamte Gruppe auf eine Situation oder Aufgabe reagiert und diese gemeistert hat.

Fortsetzung nächste Seite

ERFAHRUNGEN:  Meiner Erfahrung nach ist es für Teilnehmer einfacher, ihre Gefühle anhand von Symbolen zu beschreiben als direkt auszusprechen. Zum Beispiel hörte ich bei der Nachbesprechung des Vertrauensfalls: "Ich stand vor dem Baumstamm, der Betreuer erklärte, was zu tun sei. Erst machte ich einen Schritt vorwärts, da ich der erste Freiwillige sein wollte, doch dann stoppte ich, ich hatte Angst. Ich nahm den Umweg und war zuerst Fänger. Nach jedem Fallenden hatte ich die Möglichkeit, der Nächste zu sein; ich stand an einer Weggabelung, doch jedesmal wählte ich die Möglichkeit des Fängers. Dann brachte ich den Mut auf, den Vertrauenspfahl zu besteigen. Ich stieg hinauf, drehte mich um 180 Grad und ließ mich fallen."

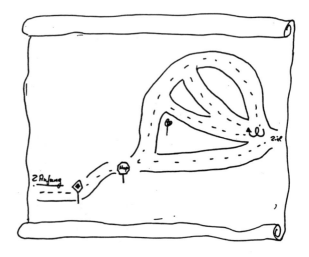

# HÖHE- UND TIEFPUNKTE

ZIEL:                           Aufarbeitung einer bestimmten Situation

TEILNEHMER:                     bis zu 15

ALTER:                          ab 14 Jahre

MATERIAL:                       -

BESCHREIBUNG:                   Der Spielleiter bittet die einzelnen Teilnehmer, zu
                                erzählen, was ihnen bei dem zu besprechenden Pro-
                                grammteil am besten gefallen hat bzw. was sie am
                                meisten geärgert hat und warum. Dies kann die Or-
                                ganisation, Ausrüstung oder bestimmte Personen
                                betreffen.
                                Wichtig ist, daß jede Person das Rederecht erhalten
                                hat, bevor das Gesagte diskutiert wird.

VARIATIONEN:                    -

ERFAHRUNGEN:                    Diese Form der Nachbesprechung eignet sich sehr gut,
                                um bestimmte Krisensituationen, die bei der zu disku-
                                tierenden Aktivität auftraten, zu klären. Sie bietet die
                                Möglichkeit zur Kritik, die aber konstruktiv sein
                                sollte.

Fortsetzung nächste Seite

Meist ärgern sich Teilnehmer über ein angebliches Fehlverhalten anderer Gruppenmitglieder. Der Spielleiter sollte darauf achten, daß nicht nur wenige im Kreuzfeuer der Kritik stehen, sondern, daß auch das Verhalten der Übrigen bzw. ihre Reaktion auf ein Verhalten debattiert wird.

Dagegen werden oft Situationen, bei denen etwas gemeinsam erreicht wurde als Höhepunkte dargestellt. Die Aufgabe des Spielleiters ist es, auf diese Tatsache aufmerksam zu machen.

# EMOTIONEN VON A - Z

| | |
|---|---|
| ZIEL: | Ausdrücken und Beschreiben von Gefühlen |
| TEILNEHMER: | 10 - 14 |
| ALTER: | ab 18 Jahre |
| MATERIAL: | pro Teilnehmer ein Blatt Papier und ein Stift |
| BESCHREIBUNG: | Der Spielleiter bittet die Gruppenmitglieder auf das Blatt Papier das Alphabet untereinander zu schreiben. Nun sollen die Teilnehmer pro Buchstaben ein Wort oder einen Ausdruck schreiben, das/der das Gefühl bei der zu besprechenden Aktivität beschreibt. Wenn alle Teilnehmer diese Aufgabe erfüllt haben, bittet sie der Betreuer die Worte vorzulesen und zwei Begriffe (positiv und negativ) auszuwählen, den sie der Gruppe erklären wollen. |
| VARIATIONEN: | (1) Je nach Gruppengröße können mehrere Punkte pro Person besprochen werden. |

Fortsetzung nächste Seite

ERFAHRUNGEN:    Der Gruppenleiter muß betonen, daß nur Gefühle genannt werden sollen. Es ist natürlich schwer, für jeden Buchstaben einen Gefühlsausdruck zu finden. Das ist aber auch nicht der eigentliche Sinn der Übung. Es soll herausgefunden werden, welche der unterschiedlichen Emotionen Priorität hatten.

# FÜNF BEGRIFFE

ZIEL: Ausdruck von Gefühlen, Förderung des Einfühlungsvermögens

TEILNEHMER: mindestens 4

ALTER: ab 14 Jahre

MATERIAL: pro Person Papier und Stift

BESCHREIBUNG: Die Gruppe sitzt im Kreis zusammen. Jeder Teilnehmer bekommt einen Zettel Papier und schreibt auf
diesen fünf Begriffe, die die Frage: "Was habe ich bei
der letzten Aktivität/Spiel/Expedition empfunden?"
knapp beantworten.
Danach werden alle Zettel eingesammelt und vom
Gruppenleiter einzeln vorgelesen. Bei jedem Papier
muß die Gruppe raten, wer es geschrieben haben
könnte und vorallem warum. Es geht beispielsweise
um die Begründung, warum man der Meinung ist, daß
der Teilnehmer X sich bei einer bestimmten Situation
schlecht oder wohl gefühlt.

VARIATIONEN: -

Fortsetzung nächste Seite

ERFAHRUNGEN: Diese Übung ist in zweierlei Hinsicht ein interessantes Spiel: zum einen macht es die Gruppe generell sensibler für die Gefühle der anderen, zum anderen aber hat auch die Diskussion ihre Wirkung auf die Teilnehmer. Jedem wird deutlich, wie verschieden er auf andere wirkt oder daß er ganz anders, als er es im Grunde genommen möchte, eingeschätzt wird.

Es kommt also weniger darauf an, daß die Schätzungen, wer was geschrieben haben könnte, sich als richtig erweisen, sondern auf die Begründungen.

## GEFÜHLE DES RECHTEN NACHBARN

ZIEL:                    Förderung des Einfühlungsvermögens

TEILNEHMER:              bis zu 15

ALTER:                   ab 15 Jahre

MATERIAL:                -

BESCHREIBUNG:            Die Gruppe setzt sich in einem Kreis zusammen. Der Betreuer bittet die einzelnen Teilnehmer, zu schildern, wie sich ihr jeweils rechter Nachbar bei der zu besprechenden Aktivität gefühlt hat. Es handelt sich dabei natürlich nur um Vermutungen. Die besprochene Person kann nach der Darstellung die Äußerungen bestätigen oder korrigieren.

VARIATIONEN:            (1) Jeder Teilnehmer kann sich eine Person aussuchen, deren Gefühle er erzählen will. Es ist dabei darauf zu achten, daß jedes Gruppenmitglied besprochen wird.

ERFAHRUNGEN:            Diese Übung erscheint den meisten Gruppen als besonders schwierig, da sie die Befürchtung haben, das Verhalten der geschilderten Person mißverstanden zu haben.

Fortsetzung nächste Seite

193

Es liegt deshalb am Spielleiter, zu betonen, daß es sich wirklich nur um Annahmen handelt, die keinen Anspruch auf absolute Gültigkeit haben.

Die besprochene Person dagegen lernt einzuschätzen, wie ihr Verhalten in bestimmten Situationen beurteilt wird.

# VERTRAUEN

ZIEL:                    Erkennen von Vertrauen

TEILNEHMER:              10 - 14

ALTER:                   ab 16 Jahre

MATERIAL:                -

BESCHREIBUNG:            Der Gruppenleiter regt folgende Fragen zur Diskussion an:

"Wie kann man erkennen, daß ein Tier Dir vertraut?"

"Wie kann ein Tier merken, daß Du ihm vertraust?"

"Welches Verhalten kann darauf hinweisen?"

Nach dieser Diskussion geht er zum menschlichem Verhalten über:

"Woher weißt Du, ob Dir jemand vertraut?"

"Woran erkennst Du, ob Du jemandem vertrauen kannst?"

"Welches Verhalten kann als Richtschnur verwendet werden?"

VARIATIONEN:             -

Fortsetzung nächste Seite

ERFAHRUNGEN:    Diese Diskussion läßt sich sehr gut nach Vertrauens-
übungen (zum Beispiel dem Vertrauensfall) führen.
Den Teilnehmern kann in der Diskussion bewußt
werden, wann man gezwungenermaßen jemandem
vertrauen muß, aber auch warum man freiwillig jemandem vertrauen kann, der einem fremd ist. Ebenso
bekommt man ein indirektes Feedback, ob man selbst
vertrauenswürdig erscheint.

# MEINE ROLLE

ZIEL: Verständnis der eigenen Rolle in Situationen mit und außerhalb der Gruppe

TEILNEHMER: 10 - 14

ALTER: ab 16 Jahre

MATERIAL: -

BESCHREIBUNG: Am Ende einer Aktivität (Spiel oder Unternehmung) setzt sich die Gruppe in einem Kreis zusammen und der Gruppenleiter fragt die einzelnen Teilnehmer, welche Rolle sie in der zu besprechenden Übung gespielt haben (zum Beispiel: den Organisator, den Mitläufer, den Stillen, den Diskutierer, den Helfer, den Opti- oder Pessimisten). Danach fragt der Spielleiter, ob das auch die gleiche Rolle sei, die sie zu Hause einnehmen würden.

VARIATIONEN: (1) Wenn ein Spiel besprochen wurde, kann nach der Diskussion der Rollen dasselbe Spiel mit der Aufgabe, daß jeder die entgegengesetzte seiner vorherigen Rolle einnimmt, wiederholt werden.

(2) Wenn es den Teilnehmern schwer fällt, ihre eigene Rolle zu erklären, kann man ihnen Symbole als Hilfs-

Fortsetzung nächste Seite

mittel geben; zum Beispiel: "Mit welchem Teil eines Baumes könntest Du Deine Rolle in dem letzten Spiel vergleichen: Blätter, Adern der Blätter, Chlorophyll, Äste, Zweige, Wurzeln, Rinde, Stamm ...und warum?" oder "Mit welchem Tier könntest Du Dich vergleichen?"

(3) Man kann die gleiche Übung aber auch als Vorbesprechung benützen, indem der Gruppenleiter den Teilnehmern die Aufgabe stellt, in der nächsten Aktivität darauf zu achten, welche Rolle sie vertreten werden.

ERFAHRUNGEN:

Schon nach verhältnismäßig kurzer Zeit kommt es in Gruppen zu einer Differenzierung der Rollen ihrer Mitglieder und zu Rangunterschieden hinsichtlich der meist unabhängig beurteilten Attribute der Tüchtigkeit und Beliebtheit, sowie besonders zur Ausgliederung einer Führerrolle. Dieses Spiel eignet sich gut für das Erkennen des eigenen Rollenverständnisses. In der Diskussion darüber kann aber auch durch die Kommentare der anderen Gruppenmitglieder eine Einsicht darüber erlangt werden, wie man auf andere wirkt. Es bleibt dann zu klären, ob eine bestimmte Rolle nur in dem zu besprechenden Spiel eingenommen wurde (Wenn ja, warum; was waren die Kennzeichen dieses Spieles?) oder ob es ein grundsätzliches Verhaltensmuster der Person ist.

# HOT SEAT

| | |
|---|---|
| ZIEL: | Einschätzen der Wirkung der eigenen Person auf andere |
| TEILNEHMER: | 6 - 10 |
| ALTER: | ab 15 Jahre |
| MATERIAL: | pro Teilnehmer einen Stift und ein DinA 4 - Papier |
| BESCHREIBUNG: | Der Spielleiter schreibt auf jeden Zettel in die linke obere Ecke je einen Namen der Teilnehmer. So hat er am Schluß pro Person einen Zettel mit deren Namen darauf vor sich liegen. Er legt die Blätter mit der Schrift nach unten auf den Boden und bittet die Teilnehmer, sich je eines zu nehmen. Zu der Person, deren Namen auf dem Papier steht, soll er einen kurzen Kommentar schreiben. Diese Bemerkung soll konstruktiv, kann jedoch positiv als auch negativ sein. Sie sollte aussagen, wie der Betreffende auf die schreibende Person wirkt bzw. ein Anstoß sein, wie er sein bisheriges Verhalten verändern oder verbessern könnte. Nachdem die erste Person ihren Kommentar auf den Zettel geschrieben hat, faltet sie das Papier so, |

Fortsetzung nächste Seite

daß das Geschriebene verdeckt ist und reicht den Zettel an ihren rechten Nachbarn weiter. Dieser schreibt seine Bemerkung und gibt den Zettel nach rechts weiter.

Zum Schluß bekommt jeder Teilnehmer den Zettel mit seinem Namen, auf den alle anderen ihre Kommentare geschrieben haben.

VARIATIONEN:

(1) Diese Übung kann bei älteren Teilnehmern auch mündlich stattfinden. Voraussetzung hierfür ist, daß jedes Gruppenmitglied bereit ist, sich zu jeder Person zu äußern. Es wird immer nur ein Mitglied zur gleichen Zeit besprochen. Wenn alle Teilnehmer ihren Kommentar zu dieser Person gegeben haben, kann die Betreffende Fragen bezüglich der Punkte, die sie nicht verstanden hat, stellen. Danach wird das nächste Gruppenmitglied behandelt.

ERFAHRUNGEN:

Der Spielleiter sollte es dem einzelnen Teilnehmer freistellen, ob er seinen Kommentar unterzeichnen will oder nicht. Meistens sind die Äußerungen, vor allem bei jüngeren Teilnehmern ehrlicher, wenn sie anonym bleiben dürfen.

Es ist nicht sinnvoll den "Hot Seat" am Anfang zu spielen. Dieses Spiel eignet sich vor allem für Gruppen, die schon länger bestehen, da nicht aufgrund der

Fortsetzung nächste Seite

"ersten Eindrucks" geurteilt wird, sondern aufgrund gemeinsam gemachter Erfahrungen.

Der "Hot Seat" stellt einen guten Gegensatz zu der Übung "Teamarbeit" dar. Es ist daher ideal, den "Hot Seat" nach der "Teamarbeit" zu spielen. So übt der Einzelne erst Selbstkritik und bekommt danach das Feedback der Gruppe.

## GEDACHTE GESCHENKE

ZIEL:             Aufbau von Vertrauen, positives Feedback, Lernen
                  Komplimente und Vorschläge zu machen und zu
                  akzeptieren

TEILNEHMER:       mindestens 6

ALTER:            ab 16 Jahre

MATERIAL:         Tafel und für jeden Teilnehmer ein Stück Kreide; falls
                  nicht vorhanden: pro Teilnehmer einen Stift und meh-
                  rere Zettel Papier

BESCHREIBUNG:     Wenn eine Tafel vorhanden ist:
                  Der Gruppenleiter schreibt jeden Namen der Teil-
                  nehmer mit einer Spalte an die Tafel. Alle Gruppen-
                  mitglieder können nun an die Tafel gehen und gedach-
                  te Geschenke in die Spalten der anderen Teilnehmer
                  schreiben. Diese Geschenke sollten immaterielle Dinge
                  sein, von denen man überzeugt ist, daß sie der Betref-
                  fende besitzen möchte oder sollte.
                  Beispiel: "Ich schenke Dir meine Anerkennung für
                  Deine Geduld."

Fortsetzung nächste Seite

Wenn keine Tafel vorhanden ist:

Jeder schreibt seinen Namen auf fünf Zettel. Diese werden in einem Hut oder auf einem Teller eingesammelt: Jeder Teilnehmer zieht fünf Zettel und schreibt seine Geschenke für die Personen, die auf dem Papier stehen darauf. Auf ein Zeichen hin werden die Geschenke überreicht. Wenn es gewünscht wird, können sie vorgelesen werden.

VARIATIONEN:                -

ERFAHRUNGEN:        Auch für dieses Spiel müssen sich die Teilnehmer relativ gut kennen. Man kann die Übung während eines Kurses oder einer Maßnahme öfters spielen und dabei diskutieren, ob oder inwiefern die Geschenke den Bedürfnissen der Empfänger mit der Zeit gerecht werden.

# BRAVO

ZIEL: Stärkung des Gemeinschaftsgefühls, Abschluß einer Aktivität

TEILNEHMER: mindestens 8

ALTER: ab 10 Jahre

MATERIAL: -

BESCHREIBUNG: Die Teilnehmer gehen in einem Kreis in die Hocke und legen ihre Arme über die Schultern ihrer Nachbarn. Ein Gruppenmitglied gibt das "Br" von 'Bravo' an seinen rechten Nachbarn weiter, dieser wiederum an die Person, die neben ihm sitzt.

Das dauert solange bis der gesamte Kreis "Br" sagt. Sobald das geschehen ist, springt die Gruppe auf einmal hoch und schreit "Bravo!"

VARIATIONEN: -

ERFAHRUNGEN: Dieses Spiel kann als Ausdruck des Dankes oder als Abschluß eines Programms benützt werden. Neben dem Vergnügen, das es bereitet, gibt es den Teilnehmern das Gefühl einer positiv erfahrenen Gemeinschaft.

# Anmerkungsverzeichnis

1. Ulrich Hermann: Zum hundersten Geburtstag von Kurt Hahn. In: Ziegenspeck, J. (Hrsg.): Kurt Hahn. Erinnerungen - Gedanken - Aufforderungen. Beiträge zum hundersten Geburtstag des Reformpädagogen. Schriftenreihe "Schriften - Studien - Dokumente zur Erlebnispädagogik" Band 2. Lüneburg: Klaus Neubauer 1987, S. 65f.

2. Vgl. Harm Prior (Hrsg.): Soziales Lernen. Düsseldorf: Pädagogischer Verlag Schwann 1976, S. 48-50.

3. Kurt Hahn: Erziehung und die Krise der Demokratie. Reden, Aufsätze, Briefe eines politischen Pädagogen. Michael Knoll (Hrsg.). Stuttgart: Klett-Cotta 1986, S. 12.

4. Vgl. Hans G. Bauer: Erlebnis- und Abenteuerpädagogik. Eine Literaturstudie. Großhesselohe: Personalwissenschaftlicher Fachverlag 1984, S. 5.

5. Vgl. Karl Schwarz: Die Kurzschulen Kurt Hahns. Ihre pädagogische Theorie und Praxis. Reihe Heidelberger Studien zur Erziehungswissenschaft. Ratingen: A. Henn Verlag 1968, S. 40f.

6. Manuela-Susanne Ibel; Annette Reiners: In Sorge für andere sich selbst finden. Ganzheitliche Erlebnispädagogik als Sozialtraining, Berufshilfe und Zukunftsberatung. In: J. Sandmann (Hrsg.): Innovative Kompetenz. Modelle und Beispiele sozialpädagogischer Fachlichkeit. Schriftenreihe "Soziale Arbeit in der Wende" Band 5. Fachhochschule München 1990, S. 161.

7. Vgl. K. Schwarz: Die Kurzschulen Kurt Hahns. a.a.O., S. 40.

8. Vgl. H. G. Bauer: Erlebnis- und Abenteuerpädagogik. a.a.O., S. 19.

9. Vgl. ebd. S. 19.

10. Vgl. ebd. S. 21.

11. Vgl. Hans G. Bauer: Erlebnispädagogik im Atomzeitalter. Oder: Von Versuchen den Bildungsbegriff zu erweitern. In: H. G. Bauer; W. Nickolai (Hrsg.): Erlebnispädagogik in der sozialen Arbeit. Schriftenreihe "Schriften - Studien - Dokumente zur Erlebnispädagogik" Band 6. Lüneburg: Klaus Neubauer 1989, S. 18.

12. Vgl. K. Schwarz: Die Kurzschulen Kurt Hahns. a.a.O., S. 44 und vgl. Fridolin Kreckl: Miteinander etwas tun - sozialpsychologische Hinweise zur Erlebnispädagogik. In: Jugendschutz heute. Fachzeitschrift für Jugendschutz (1990) Nr. 2, S. 24.

13. Vgl. H. G. Bauer: Erlebnis- und Abenteuerpädagogik. a.a.O., S. 23 und vgl. hierzu auch die Kritik von Weinholz. In: Matthias Weinholz: Freiluftleben. Eine erlebnispädagogische Lebensphilosophie und ihre Chancen bei der Entwicklung junger Menschen. Schriftenreihe "Schriften - Studien - Dokumente" Band 5. Lüneburg: Klaus Neubauer 1989, S. 28f.

14. Vgl. H. G. Bauer: Erlebnispädagogik im Atomzeitalter. Oder: Von Versuchen den Bildungsbegriff zu erweitern. a.a.O., S. 18.

15. K. Hahn: Erziehung und die Krise der Demokratie. a.a.O., S. 11.

16. Vgl. K. Schwarz: Die Kurzschulen Kurt Hahns. a.a.O, S. 46.

17. Vgl. K. Hahn: Erziehung und die Krise der Demokratie. a.a.O., S. 11f.

18. H. G. Bauer,; Michael Brater; Ute Büchele: Erlebnispädagogik in der beruflichen Bildung. Erfahrungen aus dem Ford-Förderungsprogramm. Großhesselohe: Personalwissenschaftlicher Fachverlag 1984, S. 24.

19. K. Hahn: Erziehung oder die Krise der Demokratie. a.a.O., S. 12.

20. H. G. Bauer: Erlebnis- und Abenteuerpädagogik. a.a.O., S. 23.

21. Vgl. Outward Bound (Hrsg.): Outward Bound - Persönlichkeitsbildung durch Erlebnispädagogik -. Berichte und Materialien 5/88. München: DGfEE 1988, S. 5.

22. Vgl. K. Schwarz: Die Kurzschulen Kurt Hahns. a.a.O., S. 41f.

23. Vgl. Outward Bound (Hrsg.): Outward Bound - Persönlichkeitsbildung durch Erlebnispädagogik -. Berichte und Materialien 5/88. a.a.O., S. 5.

24. Vgl. ebd., S. 5.

25. Vgl. Jörg Ziegenspeck: Lernen fürs Leben - Lernen mit Herz und Hand. Vortrag zum 100. Geburtstag von Kurt Hahn (1886 - 1974). Schriftenreihe "Wegbereiter der modernen Erlebnispädagogik" Heft 1. Lüneburg: Klaus Neubauer 1986, S. 21.

26. Hans-Dieter Bolanz; Karl Ferner: Erlebnispädagogik und Therapie. Ein 14-tägiges Intensivprogramm mit Suizidgefärdeten in der Wüste. In: H. G. Bauer; W. Nickolai (Hrsg.): Erlebnispädagogik in der sozialen Arbeit. a.a.O., S. 46.

27. Vgl. Outward Bound (Hrsg.): Outward Bound - Persönlichkeitsbildung durch Erlebnispädagogik -. Berichte und Materialien 5/88. a.a.O., S. 7.

28. Vgl. ebd., S. 11.

29. Aus dem Werbeschreiben: "Outward Bound Königsburg (1990)"

30. F. Kreckel: Miteinander etwas tun - sozialpsychologische Hinweise zur Erlebnispädagogik. a.a.O., S. 24f.

31. Vgl. M. Weinholz: Freiluftleben. a.a.O., S. 17f.

32. Vgl. Dieter Fischer; U. Klawe; H.-J. Thiese (Hrsg.): (Er-)leben statt Reden. Weinheim/ München: Juventa 1985, S. 37-39.

33. Vgl. Ute Petring: Frauen in der Erlebnispädagogik. In: Jugendschutz heute. Fachzeitschrift für Jugendschutz (1990) Nr.2. S. 11.

34. Vgl. M. Weinholz: Freiluftleben. a.a.O.

35. Vgl. H. G. Bauer: Erlebnis- und Abenteuerpädagogik. a.a.O., S. 53.

36. Vgl. ebd., S. 55.

37. Vgl. Detlef Soitzek; Peter Weinberg; Jörg Ziegenspeck: Segelschiff "Thor Heyerdahl" - Eine schwimmende Jugendbildungsstätte. Schriftenreihe "Kleine Schriften zur Erlebnispädagogik" Heft 3. Lüneburg: Klaus Neubauer 1988.

38. Vgl. Santiago Genovés: Die Arche Alcali. 6 Frauen und 5 Männer 4 Monate auf einem Floß über den Atlantik - das größte Gruppenexperiment der modernen Verhaltensforschung. München/Bern: Scherz 1976.

39. Vgl. Gustav Harder: "Ich kann was!" Erlebnispädagogik für geistig Behinderte. In: Jugendschutz heute. Fachzeitschrift für Jugendschutz (1990) Nr.2. S. 14f.

40. Vgl. H. G. Bauer: Erlebnis- und Abenteuerpädagogik. a.a.O, S. 41.

41. Vgl. Wolfgang Maier: Die Bedeutung des Erlebnisses für die soziale Arbeit. Unveröffentlichte Diplomarbeit. Fachhochschule München 1986, S. 75.

42. Vgl. H. G. Bauer; W. Nickolai (Hrsg.): Erlebnispädagogik in der sozialen Arbeit. Schriftenreihe "Schriften - Studien - Dokumente zur Erlebnispädagogik" Band 6. Lüneburg: Klaus Neubauer 1989, S. 18.

43. Vgl. H. G. Bauer: Erlebnis- und Abenteuerpädagogik. a.a.O, S. 45.

44. W. Maier: Die Bedeutung des Erlebnisses für die soziale Arbeit. a.a.O., S. 7.

45. Vgl. Michael Doll: Erlebnispädagogik als eine Methode bei der Arbeit mit benachteiligten Jugendlichen. In: Jugendschutz heute. Fachzeitschrift für Jugendschutz (1990) Nr. 2. S. 5.

46. Zum Beispiel: Michael Jagenlauf; Helmut Bress: Wirkungsanalyse Outward Bound. Kurzbericht Teil 1. In: Outward Bound. Deutsche Gesellschaft für europäische Erziehung e. V. (Hrsg.): Erlebnispädagogik - Berichte & Materialien 6/88 oder Hilary Anne Mitchell; Maui John Mitchell: A Study of Selfconcept over a two year Period: Possible Effects of an intervening Outward Bound Course. Report 2: Final Report - Impacts of the Course. Nelson: Mitchell Research 1988.

47. Vgl. Martin Schwiersch: Erlebnispädagogische Aktionen als Chance zur Persönlichkeitsentwicklung. In: Jugendschutz heute. Fachzeitschrift für Jugendschutz (1990) Nr.2. S. 10.

48. M. Weinholz: Freiluftleben. a.a.O., S. 156f.

49. K. Schwarz: Die Kurzschulen Kurt Hahns. a.a.O., S. 200.

50. Arnold M. Rose: Systematische Zusammenfassung der Theorie der symbolischen Interaktion. In: Hartmann, Heinz (Hrsg.): Moderne amerikanische Soziologien. 3. Auflage. Stuttgart: Enke 1973, S. 219 bzw. Jürgen Sandmann: Professionelle Interaktion und Persönlichkeit. Sozialwissenschaftliche und pädagogische Anmerkungen zum Problem der menschlichen Entfremdung in institutionalisiertem Rollenhandeln. Unveröffentlichte Inaugural-Dissertation zur Erlangung des akademischen Grades des Doktors in den Erziehungswissenschaften an der pädagogischen Hochschule. Westfahlen-Lippe 1979, S.20.

51. Vgl. F. Kreckel: Miteinander etwas tun - sozialpsychologische Hinweise zur Erlebnispädagogik. a.a.O., S. 20.

52. Vgl. Jürgen Habermas: Technik und Wissenschaft als "Ideologie". Frankfurt: Suhrkamp 1968, S 62.

53. Vgl. Jürgen Fritz: Methoden des sozialen Lernens. München: Juventa 1977, S. 7.

54. Vgl. Dieter Ulich: Pädagogische Interaktion. Theorien erzieherischen Handelns und sozialen Lernens. 2. Auflage. Weinheim/Basel: Beltz 1979, S.161.

55. Herbert Gudjons: Praxis der Interaktionserziehung. Schriften zur Beratung und Therapie im Raum der Schule und der Erziehung. Bad Heilbrunn/Obb.: Julius Klinkhardt 1987, S. 27.

56. Vgl. Hermann Müller: Sozialpsychologie. Zugänge - Brennpunkte - Aufgaben. München: Kösel 1977, S. 45.

57. Vgl. Klaus W. Vopel: Handbuch für Gruppenleiter. Zur Theorie und Praxis der Interaktionsspiele. Lebendiges Lernen und Lehren Band 8. 4. Auflage. Hamburg: Isko-Press 1984, S. 27.

58. Vgl. D. Ulich: Pädagogische Interaktion, a.a.O., S. 161.

59. Vgl. H. Gudjons: Praxis der Interaktionserziehung, a.a.O., S. 24.

60. Vgl. H. Prior: Soziales Lernen, a.a.O, S. 48ff.

61. Vgl. ebd., S. 53 - 149.

62. Ebd., S. 160.

63. Vgl. ebd., S. 186.

64. Vgl. ebd., S. 212.

65. Kriterien eines guten Feedbacks bei J. Fritz: Modelle des sozialen Lernens. a.a.O., S. 128-131.

66. Vgl. ebd, S. 125.

67. Vgl. Adolf M. Däumling, u.a.: Angewandte Gruppendynamik. Selbsterfahrung. Forschungsergebnisse. Trainingsmodelle. Stuttgart: Ernst-Klett-Verlag 1974, S. 40f.

68. Vgl. H. Prior: Soziales Lernen, a.a.O., S. 221-318.

69. Vgl. ebd., S. 323-374.

70. Vgl. Kurt Lewin: Grundzüge einer topologischen Psychologie. Bern/ Stuttgart/- Wien: Huber 1969, S.44 und vgl. Kurt Lewin: Der Übergang von der aristotelischen zur galileischen Denkweise in Biologie und Psychologie. Darmstadt: 1971, S.34.

71. Wolfram Schleske: Abenteuer - Wagnis - Risiko im Sport. Struktur und Bedeutung in pädagogischer Sicht. Schorndorf: Karl Hofmann 1977, S. 9.

72. Vgl. H. Gudjons: Praxis der Interaktionserziehung, a.a.O., S. 28.

73. K. W. Vopel: Handbuch für Gruppenleiter, a.a.O., S. 2.

74. Ulrich Baer: Wörterbuch der Spielpädagogik. Basel: Lenoz Verlag und Z-Verlag 1981, S. 96.

75. Vgl. H. Gudjons, Praxis der Interaktionserziehung, a.a.O., S. 31f.

76. Vgl. K. W. Vopel: Handbuch für Gruppenleiter, a.a.O., S. 2.

77. Vgl. H. Gudjons, Praxis der Interaktionserziehung, a.a.O., S. 29.

78. Genauere Spielbeschreibung bei H. Gudjons: Praxis der Interaktionserziehung, a.a.O., S. 69f.

79. Genauere Spielbeschreibung bei K. W. Vopel: Interaktionsspiele für Jugendliche Teil 2. Lebendiges Lernen und Lehren Band 21. Hamburg: Isko-Press 1981, S. 11.

80. K. Horn: Gruppendynamik und der subjektive Faktor, S. 8.

81. Vgl. H. Prior: Soziales Lernen, a.a.O., S. 326.

82. Vgl. H. Prior: Soziales Lernen, a.a.O., S. 326ff.

83. Vgl. Norbert Spiegler: Das Leben spielen. 2. Auflage. Gütersloh: Mohn 1979, S. 180f.

84. Brigitte Melzer-Lena: Jugend 90 - Die Jagd nach dem Überreiz. In: Mitteilungen des Landesjugendamtes Landschaftsverband Westfahlen-Lippe (1990) Nr. 102, S. 33.

85. Peter Weinberg: Erlebnispädagogik auf der "Thor Heyerdahl" einige engagiert einführende und kritische Bemerkungen. In: Soitzek, D.; Weinberg, P.; Ziegenspeck, J.: Segelschiff "Thor Heyerdahl" - Eine schwimmende Jugendbildungsstätte. Schriftenreihe. a.a.O., S. 8.

86. Vgl. S. Genovés: Die Arche Alcali. a.a.O., S. 212.

87. Vgl. ebd., S. 355 und vgl. ebd., S. 353.

88. Vgl. ebd., S. 301.

89. Vgl. ebd., S. 354.

90. Ebd., S. 151.

91. W. Schleske: Abenteuer - Wagnis - Risiko, a.a.O., S. 16.

92. H. Prior: Soziales Lernen, a.a.O., S. 325.

93. Kurt Hahn: Rückblick. Rundfunkvortrag am 22.10.1950 (BBC London). In: Die Sammlung (Göttingen). 8. Jahrgang (1935). Heft 12, S. 573.

94. Kurt Hahn: Erziehung zur Verantwortung. Stuttgart: Klett-Cotta 1958, S. 16.

95. J. Ziegenspeck: Lernen fürs Leben, a.a.O., S. 17.

96. Jörg Ziegenspeck: Kurt Hahn und die internationale Kurzschulbewegung. Ein Beitrag zum 100. Geburtstag des Reformpädagogen. In: Kurt Hahn. Erinnerun-

gen - Gedanken - Aufforderungen. Beiträge zum hundersten Geburtstag des Reformpädagogen. Jörg Ziegenspeck (Hrsg.). Schriftenreihe "Schriften - Studien - Dokumente zur Erlebnispädagogik" Band 2. Lüneburg: Klaus Neubauer 1987, S.128.

97. Vgl. Jörg Ziegenspeck: Erlebnispädagogik. Grundsätzliche Anmerkungen und ein Literaturbericht zu einer praktischen Wissenschaft und wissenschaftlichen Praxis. In: Waltraud Neubert: Das Erlebnis in der Pädagogik. Schriftenreihe "Schriften - Studien - Dokumente zur Erlebnispädagogik" Band 7. Lüneburg: Klaus Neubauer 1990, S. 81.

98. Dieter Baacke: Jugend und Jugendkulturen. Darstellung und Deutung. Weinheim/Basel: Juventa 1987, S. 88.

99. Ebd., S. 103f.

100. Vgl. ebd. S. 99.

101. Wilfried Dewald: "Beim nächsten mal voll reinhauen?" zur Verknüpfung von erlebnispädagogischen und ökologischen Ansätzen, In: Jugendschutz heute. Fachzeitschrift für Jugendschutz (1990) Nr. 2. S. 12-14.

102. Vgl. Klaus Vopel: Handbuch für Gruppenleiter, S. 5 und S. 23.

103. H. Gudjons: Praxis zur Interaktionserziehung, S. 31.

# Literaturverzeichnis

Abresch, J.: <u>Konkurrenz im Spiel, Spiele ohne Konkurrenz</u>. 50 Spielvorschläge, 70 Seiten Theorie. 6. Auflage. Pohlheim Dorf Güll: Mondsteinverlag 1987.

Altendorf, H.: <u>Berthold Otto. Ein Wegbereiter der modernen Erlebnispädagogik?</u> Lüneburg: Klaus Neubauer 1988.

Antons, K.: <u>Praxis der Gruppendynamik</u>. 4. Auflage. Göttingen u.a.: Verlag für Psychologie 1976.

Argyle, M.: <u>Soziale Interaktion</u>. Köln: Kiepenheuer & Witsch 1972.

Baacke, D.: <u>Jugend und Jugendkulturen. Darstellung und Deutung</u>. Weinheim/Basel: Juventa 1987.

Baer, U.: <u>Wörterbuch der Spielpädagogik</u>. Basel: Lenoz Verlag und Z-Verlag 1981.

Bauer H. G.: <u>Erlebnis- und Abenteuerpädagogik. Eine Literaturstudie</u>. Großhesselohe: Personalwissenschaftlicher Fachverlag 1984.

Bauer, H. G.: Erlebnispädagogik im Atomzeitalter. Oder: von Versuchen den Bildungsbegriffzu erweitern. In: Bauer, H. G.; Nickolai, W. (Hrsg.): <u>Erlebnispädagogik in der sozialen Arbeit</u>. Schriftenreihe "Schriften - Studien - Dokumente zur Erlebnispädagogik" Band 6. Lüneburg: Klaus Neubauer 1989.

Bauer, H. G.; Brater, M.; Büchele, U.: <u>Erlebnispädagogik in der beruflichen Bildung. Erfahrungen aus dem Ford-Förderungsprogramm</u>. Großhesselohe: Personalwissenschaftlicher Fachverlag 1984.

Bauer, H. G.; Nickolai, W. (Hrsg.): <u>Erlebnispädagogik in der sozialen Arbeit</u>. Schriftenreihe "Schriften - Studien - Dokumente zur Erlebnispädagogik" Band 6. Lüneburg: Klaus Neubauer 1989.

Bolanz, H.-D.; Ferner, K.: Erlebnispädagogik und Therapie. Ein 14-tägiges Intensivprogramm mit Suizidgefärdeten in der Wüste. In: H. G. Bauer; W. Nickolai (Hrsg.): <u>Erlebnispädagogik in der sozialen Arbeit</u>. Schriftenreihe "Schriften - Studien - Dokumente zur Erlebnispädagogik" Band 6. Lüneburg: Klaus Neubauer 1989.

Brunner, R.; Zeltner, W.: <u>Lexikon zur pädagogischen Psychologie und Schulpädagogik</u>. Entwicklungspsychologie, Lehr- und Lernpsychologie, Unterrichtspsychologie, Erziehungspsychologie, Methoden der pädagogischen Psychologie, Methodik, Didaktik, Curriculumtheorie. München: Reinhardt 1980.

217

Clarke J.; Honneth, A. (Hrsg.): Jugendkultur als Widerstand. 2. Auflage. Frankfurt am Main: Syndikat 1981.

Däumling A. M., u.a.: Angewandte Gruppendynamik. Selbsterfahrung. Forschungsergebnisse. Trainingsmodelle. Stuttgart: Ernst-Klett-Verlag 1974.

Das Kinderspiel. Flintner, A. (Hrsg.). 5. Auflage. München: R. Piper & Co 1988.

Das Spiel - Urphänomen des Lebens. Röhrs, H. (Hrsg.). Wiesbaden: Akademische Verlagsgesellschaft 1981.

Degen, S.: Hermann Lietz. Ein Wegbereiter der modernen Erlebnispädagogik? Lüneburg: Klaus Neubauer 1988.

Die Jugend und ihre Zukunftschancen. Ein Symposium mit Jugendlichen und Vertretern aus Wissenschaft, Wirtschaft, Politik und Verwaltung. Welbergen, J. C. (Hrsg.). Hamburg: Deutsche Shell Aktiengesellschaft 1979.

Doll, M.: Erlebnispädagogik als eine Methode bei der Arbeit mit benachteiligten Jugendlichen. In: Jugendschutz heute. Fachzeitschrift für Jugendschutz (1990) Nr. 2. S. 4 - 7.

dtv Brockhaus Lexikon, Band 2: Aug - Bop. F. A. Brockhaus GmbH, Mannheim, und Deutscher Taschenbuch Verlag GmbH & Co. KG. München 1988.

Fischer, A.; Fuchs, W.; Zinnecker, J.: Jugendliche + Erwachsene '85 Band 2. Freizeit und Jugendkultur. Jugendwerk der Deutschen Shell. Leverkusen: Leske und Budrich 1985.

Fischer, D.; Klawe, W.; Thiese H.-J. (Hrsg.): (Er-)leben statt Reden. Weinheim/ München: Juventa 1985.

Fritz, J.: Methoden des sozialen Lernens. München: Juventa 1977.

Gel'fan E. M.: Spielen und Lernen. Eine Spielesammlung für Freizeit und Unterricht. Berlin: Volk und Wissen Verlag 1973.

Genovés, S.: Die Arche Alcali. 6 Frauen und 5 Männer 4 Monate auf einem Floß über den Atlantik - das größte Gruppenexperiment der modernen Verhaltensforschung. München/Bern: Scherz 1976.

Giffei, H.: Martin Lurseke. Ein Wegbereiter der modernen Erlebnispädagogik. Lüneburg: Klaus Neubauer 1987.

Goffmann, E.: Interaktion: Spaß am Spiel. Rollendistanz. München: Piper 1973.

Gudjons, H.: Praxis der Interaktionserziehung. Schriften zur Beratung und Therapie im Raum der Schule und der Erziehung. Bad Heilbrunn/Obb.: Julius Klinkhardt 1987.

Gudjons, H.: Spielbuch der Interaktionserziehung. Schriften zur Beratung und Therapie im Raum der Schule und Erziehung. 4. ergänzte Auflage von "Praxis der Interaktionserziehung". Bad Heilbrunn/Obb.: Julius Klinkhardt 1990.

Habermas, J.: Technik und Wissenschaft als "Ideologie". Frankfurt: Suhrkamp 1968.

Hahn, K.: Rückblick. Rundfunkvortrag am 22.10.1950 (BBC London). In: Die Sammlung (Göttingen). 8. Jahrgang (1935). Heft 12.

Hahn, K.: Erziehung zur Verantwortung. Stuttgart: Klett-Cotta 1958.

Hahn, K.: Erziehung und die Krise der Demokratie. Reden, Aufsätze, Briefe eines politischen Pädagogen. Michael Knoll (Hrsg.). Stuttgart: Klett-Cotta 1986.

Harder, G.: "Ich kann was!" Erlebnispädagogik für geistig Behinderte. In: Jugendschutz heute. Fachzeitschrift für Jugendschutz (1990) Nr.2. S. 14f.

Hering, W.: Spieltheorie und pädagogische Praxis. Zur Bedeutung des kindlichen Spiels. Düsseldorf: Schwann 1979,

Hermann, U.: Jugend - Jugendprobleme - Jugendprotest. Stuttgart u.a.: Kohlhammer 1982.

Hermann, U.: Zum hundertsten Geburtstag von Kurt Hahn. In: Kurt Hahn. Erinnerungen - Gedanken - Aufforderungen. Beiträge zum hundertsten Geburtstag des Reformpädagogen. Ziegenspeck, J. (Hrsg.). Schriftenreihe "Schriften - Studien - Dokumente zur Erlebnispädagogik" Band 2. Lüneburg: Klaus Neubauer 1987.

Hillig, G.: Anton S. Marenko. Ein Wegbereiter der modernen Erlebnispädagogik? Lüneburg: Klaus Neubauer 1987.

Ibel, M.-S.; Reiners, A.: In Sorge für andere sich selbst finden. Ganzheitliche Erlebnispädagogik als Sozialtraining, Berufshilfe und Zukunftsberatung. In: Innovative Kompetenz. Modelle und Beispiele sozialpädagogischer Fachlichkeit. Sandmann J. (Hrsg.). Schriftenreihe "Soziale Arbeit in der Wende" Band 5. München: Fachhochschule München, Fachbereich Sozialwesen 1990.

Innovation statt Resignation. Stichworte, Suchbewegungen, aktuelle Trends professioneller Jugendarbeit. Sandmann J. (Hrsg.). Schriftenreihe "Soziale Arbeit in der Wende" Band 3. München: Fachhochschule München, Fachbereich Sozialwesen 1989.

Interaktionspädagogik. Fritz, J. (Hrsg.). München: Juventa 1975.

Jagenlauf, M.; Bress, H.: Wirkungsanalyse Outward Bound. Kurzbericht Teil 1. In: Outward Bound. Deutsche Gesellschaft für europäische Erziehung e. V. (Hrsg.). Erlebnispädagogik. - Berichte & Materialien 6/88.

Jugendforschung in der Bundesrepublik. Ein Bericht des SINUS Institutes im Auftrag des Bundesministers für Jugend, Familie und Gesundheit. Opladen: Leske und Budrich 1984.

Kettenbach, G.: Das Segelschiff - Ursymbol der Kirche. Therapie und Persönlichkeitsbildung durch Segeln. Ein Beitrag aus theologischer Sicht. Lüneburg: Klaus Neubauer 1985.

Kluge, N.: Spielen und Erfahren. Der Zusammenhang von Spielerlebnis und Lernprozeß. Bad Heilbrunn/Obb.: Klinkhardt 1981.

Kramer, H.: Soziales Handeln in der Jugendphase. Ein formal-pragmatischer Beitrag zu einer integrierten Jugendtheorie. Weinheim: Dt. Studienverlag 1989.

Kreckl, F.: Miteinander etwas tun - sozialpsychologische Hinweise zur Erlebnispädagogik. In: Jugendschutz heute. Fachzeitschrift für Jugendschutz (1990) Nr. 2. S. 19 - 25.

Lewin K.: Grundzüge einer topologischen Psychologie. Bern/ Stuttgart/Wien: Huber 1969

Lewin, K.: Der Übergang von der aristotelischen zur galileischen Denkweise in Biologie und Psychologie. Darmstadt: 1971.

Loewer, H.-D.: Die sozialpädagogische Übungsgruppe. Arbeitsbuch für die reflektierte Interaktion mit Benachteiligten unter Mitarbeit von Monika Freund und einer studentischen Projektgruppe. Freiburg: Alber 1975.

Maier, W.: Die Bedeutung des Erlebnisses für die soziale Arbeit. Unveröffentlichte Diplomarbeit. München/Aubing 1986.

Melzer-Lena, B.: Jugend 90 - Die Jagd nach dem Überreiz. In: Mitteilungen des Landesjugendamtes Landschaftsverband Westfahlen-Lippe (1990) Nr. 102

Mitchell H. A.; Mitchell M. J.: A Study of Selfconcept over a two year Period: Possible Effects of an intervening Outward Bound Course. Report 2: Final Report - Impacts of the Course. Nelson: Mitchell Research 1988.

Müller H.: Sozialpsychologie. Zugänge - Brennpunkte - Aufgaben. München: Kösel 1977.

Orlick, T.: Kooperative Spiele. Herausforderung ohne Konkurrenz. Weinheim: Beltz 1982.

Orlick, T.: Neue kooperative Spiele. Mehr als 200 konkurrenzfreie Spiele für Kinder und Erwachsene. Weinheim u.a.: Beltz 1985.

Outward Bound - Persönlichkeitsbildung durch Erlebnispädagogik -. Berichte und Materialien 5/88. Outward Bound (Hrsg.). München: DGfEE 1988.

Outward Bound Königsburg (Werbefaltblatt)

Petring, U.: Frauen in der Erlebnispädagogik. In: Jugendschutz heute. Fachzeitschrift für Jugendschutz (1990) Nr.2. S. 11f.

Prior, H. (Hrsg.): Soziales Lernen. Düsseldorf: Pädagogischer Verlag Schwann 1976.

Reifarth, W.: Theorien menschlicher Interaktion und Kommunikation. Schriftenreihe: Arbeitshilfen, Band 14. Frankfurt am Main: Dt. Verein für öffentliche und private Fürsorge 1976.

Rose, A.: Systematische Zusammenfassung der Theorie der symbolischen Interaktion. In: Moderne amerikanische Soziologien. Hartmann, H. (Hrsg.). 3. Auflage. Stuttgart: Enke 1973.

Sandmann, J.: Professionelle Interaktion und Persönlichkeit. Sozialwissenschaftliche und pädagogische Anmerkungen zum Problem der menschlichen Entfremdung in institutionalisiertem Rollenhandeln. Unveröffentlichte Inaugural-Dissertation zur Erlangung des akademischen Grades des Doktors in den Erziehungswissenschaften an der pädagogischen Hochschule. Westfahlen-Lippe 1979.

Scheibe, W.: Die Reformpädagogische Bewegung 1900 - 1932. Eine einführende Darstellung. 9. Auflage. Weinheim u.a.: Beltz 1984.

Schleske, W.: Abenteuer - Wagnis - Risiko im Sport. Struktur und Bedeutung in pädagogischer Sicht. Schorndorf: Karl Hofmann 1977.

Schwarz, K.: Die Kurzschulen Kurt Hahns. Ihre pädagogische Theorie und Praxis. Reihe Heidelberger Studien zur Erziehungswissenschaft. Ratingen: A. Henn Verlag 1968.

Schwiersch M.: Erlebnispädagogische Aktionen als Chance zur Persönlichkeitsentwicklung. In: Jugendschutz heute. Fachzeitschrift für Jugendschutz (1990) Nr.2. S.7 - 10.

Soitzek, D.; Weinberg, P.; Ziegenspeck, J.: Segelschiff "Thor Heyerdahl" - Eine schwimmende Jugendbildungsstätte. Schriftenreihe "Kleine Schriften zur Erlebnispädagogik" Heft 3. Lüneburg: Klaus Neubauer 1988.

Spiegler, N.: Das Leben spielen. 2. Auflage. Gütersloh: Mohn 1979.

Stair, N. In: The Challenge of Words. Wellington: Outward Bound Trust of New Zealand 1989.

Ulich, D.: Pädagogische Interaktion. Theorien erzieherischen Handelns und sozialen Lernens. 2. Auflage. Weinheim/Basel: Beltz 1979.

Vopel K. W.: Handbuch für Gruppenleiter. Zur Theorie und Praxis der Interaktionsspiele. Lebendiges Lernen und Lehren Band 8. 4. Auflage. Hamburg: Isko-Press 1984.

Vopel, K. W.: Interaktionsspiele für Jugendliche Teil 1, Teil 2, Teil 3, Teil 4. Lebendiges Lernen und Lehren Band 21. Hamburg: Isko-Press 1981.

Weinberg, P.: Erlebnispädagogik auf der "Thor Heyerdahl" - Einige engagiert einführende und kritische Anmerkungen. In: Soitzek, D.; Weinberg, P.; Ziegenspeck, J.: Segelschiff "Thor Heyerdahl" - Eine schwimmende Jugendbildungsstätte. Schriftenreihe "Kleine Schriften zur Erlebnispädagogik" Heft 3. Lüneburg: Klaus Neubauer 1988.

Weinholz, M.: Freiluftleben. Eine erlebnispädagogische Lebensphilosophie und ihre Chancen bei der Entwicklung junger Menschen. Schriftenreihe "Schriften - Studien - Dokumente" Band 5. Lüneburg: Klaus Neubauer 1989.

Ziegenspeck, J.: Lernen fürs Leben - Lernen mit Herz und Hand. Vortrag zum 100. Geburtstag von Kurt Hahn (1886 - 1974). Schriftenreihe "Wegbereiter der modernen Erlebnispädagogik" Heft 1. Lüneburg: Klaus Neubauer 1986.

Ziegenspeck, J: Kurt Hahn und die internationale Kurzschulbewegung. Ein Beitrag zum 100. Geburtstag des Reformpädagogen. In: Kurt Hahn. Erinnerungen - Gedanken - Aufforderungen. Beiträge zum hundersten Geburtstag des Reformpädagogen. Ziegenspeck, J. (Hrsg.). Schriftenreihe "Schriften - Studien - Dokumente zur Erlebnispädagogik" Band 2. Lüneburg: Klaus Neubauer 1987.

Ziegenspeck, J.: Erlebnispädagogik. Grundsätzliche Anmerkungen und ein Literaturbericht zu einer praktischen Wissenschaft und wissenschaftlichen Praxis. In: Neubert, W.: Das Erlebnis in der Pädagogik. Schriftenreihe "Schriften - Studien - Dokumente zur Erlebnispädagogik" Band 7. Lüneburg: Klaus Neubauer 1990.

# Themenhefte Praktische Erlebnispädagogik

Herausgegeben von Annette Reiners und Jürgen Sandmann
Der Pilot dieser neuen Reihe will einleiten, überleiten, anleiten – "PEP" bringen in die theoretische und praktische Diskussion. PEP setzt sich das Ziel, die vielfältigen Aspekte der Erlebnispädagogik verständlich abzubilden und wichtige Zusammenhänge herauszuarbeiten.

PEP 1
*Reiners, Annette*
## Erlebnis und Pädagogik
**Stichworte zum Inhalt:**
Erlebnispädagogik und Philosophie · Reformpädagogik im Rückblick · Didaktik der Erlebnispädagogik: Lernen und Lernprozeß – Beziehungssysteme – Lernsituation – Ziele – Inhalte · Methodik der Erlebnispädagogik: Medium – Mittler – Material – Methoden – Interaktionsformen – Rahmenbedingungen · Wirkungsmodelle und Betreuereinfluß · Sicherheitsaspekte · Kompetenzprofil · Professionalität und ethischer Kodex
**1995        121 Seiten            ISBN 3-929221-19-5                28 DM**

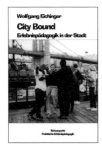

PEP 2
*Eichinger, Wolfgang*
## City Bound - Erlebnispädagogik in der Stadt
**Stichworte zum Inhalt:**
City Bound – Erlebnispädagogik in der Stadt ·Ein Modell zur Jugendarbeit und Erwachsenenbildung ·Was ist City Bound? ·Ursprung – Ziele – Lernprozesse auf intrapersonaler, interpersoneller und sozialer Ebene ·Die Methode City Bound: Voraussetzungen für eine professionelle Arbeitsweise ·Die Stadt als Medium ·Reflexion statt Aktion – individuelle Aktivitäten – Gruppenaktivitäten – gemischte Aktivitäten ·Homeward Bound · Der Zugang zur Ökologie ·Das City Bound Programm: Beschaffenheit – Durchführung – Kurskombinationen ·City Bound und Outward Bound im Vergleich ·Transferschwierigkeiten ·Vorstellung gezielter Programme

**1995        ca. 100 Seiten         ISBN 3-929221-20-9               28 DM**

PEP 3
*Herrmann, Martina*
## Erlebnisorientierte Mädchenarbeit
**Stichworte zum Inhalt:**
Sozialisation und Koedukation: Bedeutung für die Entwicklung von Mädchen ·Geschlechtsspezifische Sozialisation ·Geschlechtsstereotypen ·Prinzipien männlicher und weiblicher Sozialisation ·Entwicklungsspezifische Betrachtung ·Ziele geschlechtshomogener Jugendarbeit ·Parteiliche Mädchenarbeit ·Legitimation und Zielsetzung der Koedukation ·Vier Prinzipien parteilicher Mädchenarbeit ·Lernpsychologische Elemente erlebnisorientierter Mädchenarbeit ·Sozial-kognitive Lerntheorien ·Lernen am Modell ·Auswirkungen auf das Sozialverhalten von Mädchen ·Verstärkungseffekte ·Selbstverstärkung Stellvertretende Verstärkung ·Aufbau von Selbstvertrauen ·Das Selbstkonzept ·Stärkung des Selbstvertrauens ·Entwicklung effektiver Handlungskompetenz

**1995        ca. 100 Seiten         ISBN 3-929221-21-7            ca. 28 DM**

## Weitere Themenhefte PRAKTISCHE ERLEBNISPÄDAGOGIK in Vorbereitung!

*Kölsch, Hubert* (Hrsg.)

## Wege Moderner Erlebnispädagogik

**Stichworte zum Inhalt:**

Variationen zum Thema Erlebnispädagogik · Teil I: Was Moderne Erlebnispädagogik sein kann · Annäherung an den Begriff "Moderne Erlebnispädagogik" · Risiko und Gefahr · Erlebnispädagogische Angebote – Qualitätsmerkmal Sicherheit · Die Wiederentdeckung der Erziehung. Anstiftung zum Paradigmenwechsel · Physiologische Prozesse beim Lernen und Erleben · Wirkt Erlebnispädagogik? Wirkfaktoren und Wirkmodelle in der Erlebnispädagogik · Weibliche Erlebnisräume – Männliche Erlebnispädagogik. Spitzfindiges oder Revolutionäres? · Teil II: Was Moderne Erlebnispädagogik werden kann · City Bound · Erlebnispädagogik in der Erwachsenenbildung. Beispiel Gesundheitsförderung · Natur als Kultur. Spurensuche nach einem erweiterten Naturbegriff · Kritische Reflexion zur erlebnispädagogischen Praxis für Frauen und Mädchen · Frauen als Führungskräfte in der Erlebnispädagogik – eine Illusion? · Erlebnispädagogik und ökologisches Lernen · Begrenzungen gemeinsam überwinden. Erlebnispädagogik mit behinderten Menschen · Anstelle eines Schlußwortes · Werden wir in Zukunft mehr oder weniger erleben? Erlebnispädagogische Beunruhigungen

| 1995 | ca. 340 Seiten | ISBN 3-929221-22-5 | ca. 38 DM |

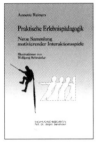

*Reiners, Annette*

**Praktische Erlebnispädagogik.** Neue Sammlung motivierender Interaktionsspiele. (Soziale Arbeit in der Wende; Band 8)

| 1993 | 3. Aufl. | 238 Seiten | ISBN 3-929221-06-3 | 28 DM |

*Andreas Bedacht · Wilfried Dewald*
*Bernd Heckmair · Werner Michl · Kurt Weis* (Hrsg.)
**Erlebnispädagogik: Mode, Methode oder mehr?** Tagungsdokumentation des Forums Erlebnispädagogik. (Soziale Arbeit in der Wende; Band 12)

| 1994 | 2. Aufl. | 207 Seiten | ISBN 3-929221-09-8 | 28 DM |

*Mark Ostenrieder · Michael Weiß*
**Erleben – Lernen – Kooperieren.** Innovation durch erfolgreiches Miteinander.
(Soziale Arbeit in der Wende; Band 18)

| 1994 | 1. Aufl. | 244 Seiten | ISBN 3-929221-15-2 | 28 DM |

# Fachverlag Prof. Dr. Jürgen Sandmann
## Koordination und Bestelladresse:
## Brigitte Warmhold · Berberichweg 8 · 81245 München
## Tel.: 089/8632640 · Fax: 089/8632649